大展好書 好書大展

大展好書 好書大展

命理與預言45

室內裝潢開運法

小林祥晃／著
柯素娥／譯

大展出版社有限公司　印行

前言——妻子、母親會帶給家人幸福

曾經見過在選舉當中當選議員的人在被要求發表感想時經常指著身旁的妻子回答說：「多虧有內人的幫助……。」然後閃爍著淚光，和太太一起高呼「萬歲、萬歲、萬歲……。」

我們有時也可以在電視上看見記者採訪大學入學考試的考生，當要他們說幾句話時，常見考生興奮地作V字形的勝利手勢，然後大叫：「媽媽我考上了。」

妻子、母親的好壞，往往是左右一個人命運的最大條件。說得清楚一點，一個家庭主婦的「運作」左右著一家人的命運，這句話並不會言過其實。

丈夫能否出人頭地，並不僅僅靠丈夫的努力及實力便可獲得。縱然丈夫在社會上如何地平步青雲、功成名就，他的背後必定有位支持他，默默地帶來幸福的妻子。

兒子能活潑健康地長大成人，從一流大學畢業並在一流公司工作，得到良緣佳偶。另外，女兒能長得美麗，氣質也出衆，如願地找到如意郎君結婚……，這些也都不是靠兒子及女兒各自學習、努力便可做到的。

所謂丈夫的運氣亨通，是由於他有一位能創造出好運的妻子而促成。而所謂的子肖孫賢，也是由於賢慧的女主人的庇蔭所致。換言之，和開運的女性一起生活的話就會變得幸福。

但是，這位女性——也就是妻子或母親——的幸運與否，會受到其所居住的家極大的影響。

這並不是因為她待在家裡的時間最長，而是房屋的隔間、室內裝潢擺設及傢俱等等所產生出來的「室內裝潢力量」，對家人們都是最敏感的。

當然除了專業的家庭主婦之外，職業婦女、忙著社區活動的婦女、或忙著學習各種事務的婦女們，她們的幸運與否，都對家人產生極大的影響。

家人們在廚房裡吃著妳所做的料理，在你掃除乾淨的浴室裡淋浴身體，在房間裡休息、讀書或睡覺，然後穿著妳洗好、摺好的內衣褲，隨時聽你說話，妳的一切在他們的生活之中無孔不入。也就是說，身為一個妻子或母親，家人生活的每一個細節都與妳息息相關。

如果一個妻子或母親生來便諸事不順、命運乖舛的人，那麼圍繞她而生活的家人究竟也會陷入窘境，生活不順遂，丈夫或兒女恐怕也會變成諸事不順、命運乖舛的人。我們既然知道妻子或母親們的命運決定於其居住的環境，那我們何不好好地檢視一下室內裝潢擺設及傢俱，如此才有辦法抓住幸運。

我從小就學習風水地理的相關知識，成為建築家之後，我也遍覽了世界各地的建築物，並且實際地參與建築這一行。如此一來我竟然發現，世界上的幸運人兒，都非常注意如何努力去變得幸運的問題。而且我們也知道，這樣的人會和好運的女性生活在一起。這些女性，會為了家人而盡力去做一個「幸運星」，為每一個人招來好運。

究竟如何做到呢？她們每天都會仔細地檢視住宅的格局、佈置及傢俱等等，以符合自己的八字。在居家的佈置上，即使是任何高價名貴的室內裝潢擺設，或是著名畫家的畫作，如果不是會招來幸運的位置，那她們是不會擺上去的。

那個位置如果不能為自己帶來好運，那麼縱然別人看了沒什麼不好，她們也會不喜歡。

她所經常考慮到的是窗簾、傢俱、床鋪、牆壁、天花板的顏色、照明的位置及數量、盆栽的位置、放置花瓶的位置、甚至床罩是用亞麻布或織造品……，舉凡設計、氣氛等有益於「開運」一事的問題，都是她注意的事情。

另外，她認定：「居家佈置是可以使自己變得幸運的工具。而如果真是這樣，那麼即使稍微高價一點的東西也無所謂。」反過來說，如果會使她們失去好運，那即使是價值再高，她們也不去擺設。

一九九一年所出版的《室內擺設創好運》一書，目的即在於使人們瞭解這方面的種種事項。結果不到一年之內，又有了「第二炮」，也就是出版本書。自「第一炮」出版以來，廣受雜誌及電視等媒體的注目，認為它是「對室內裝潢的新看法」。不過至目前為止，一般人對室內裝潢似乎都不太重視、也不瞭解，這一點倒令我覺得意外。

不僅是購買本書的女士們，先生們也應對這方面的問題多加注意。不要說：「這種事情和我們男性沒有關係。」最好是以本書作為送給太太或情人的禮物。男士們如果希望她們為你帶來好運，大大地改變人生的話，那麼就必須讓她們幸運。

女士們的幸運，便是家庭幸福的泉源。因此，女士們除了上美容院以保持美麗，上文化中心讓自己充實內涵，使外貌和內在有同樣的水平的美麗的之外，仍應多多注意自己的居家佈置及傢俱。

本書把女士們的夢想及希望分為四十個項目，更詳細地加以解說，使讀者更容易瞭解。

根據任何一位女士的夢想，設有幸運度檢查及建議欄。所以請依照指示去做。這是非常簡單的事情。而且，也請依照指示改變傢俱等物品的配置。使用這些居家佈置的方法，是確實而不會有錯的。為人母、為人妻的女性們，希望妳們都能成為獲得人生很大喜悅的幸運女性，可以讓先生及孩子們都成為世界上最幸福的人。

目錄

第二章 為家庭招來好運的室內裝潢

各種類別的室內佈置的秘密

序章・招來幸運的正確方法

——給所有閱讀本書的人

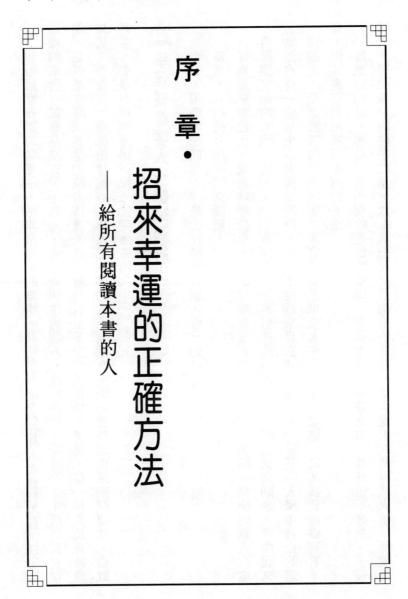

利用居家佈置的開運法，是非常簡單的事情。為什麼呢？因為任何人都會有叫作「住宅」這樣的東西。就算是沒有房子的人，也總有個住的地方。雖然每個人都會為了生活而設有傢俱，也就是有各式各樣的陳設佈置，且在量及質上多少有所差別，但是，每一個人都會陳設佈置一些傢俱。像你這樣擁有一棟自己住宅的人，當然有充分的資格運用這些開運法。也就是說，您是有權利運用居家佈置開運法的人。

二 幸運就像客人一樣來到府上

但是，現在我想問你：你是從什麼地方進入自己的住宅？

當然，入口便是你家的玄關吧。

從車站搭乘巴士，或者騎摩托車，最後你總是要經過你家門前的道路，然後走到入口處，再打開玄關的大門，進入家中。事實上，能導引你開運的能源，便是從玄關進入家中而來。當然也有一些是來自廚房及窗戶，但大部份是來自玄關。那麼，「幸運」入家中為止的這一條通路。是怎麼樣的一條路呢？其實它便是車及人來來往往的道路，雖然我們用眼睛看不見，但其實它便是搬運幸運的通路。

這麼說的話，那豈不家門前的道路愈廣闊，就有更多的幸運進來。其實也不盡然。一般而言，單門獨戶的住宅的話，六～八公尺是最適當的寬度。如果是大的社區或大厦，那就可以稍微再寬一點。

道路相對於家的大小如果顯得太寬時，譬如面對幹線道路的單門獨戶住宅，就必須對大門的建築多下工夫研究一番，否則，沖流過道路的幸運的勢力一旦太強時，反而很難使幸運進入住宅之中。這就好像水龍頭一樣，水勢如果太強奔湧而出時，用小杯子去汲取很不容易，兩者的原理是相同的。

相反地，居家前面的道路如果是四公尺以下那麼狹窄，那麼存在於道路的幸運之氣就會比較少，因此，通往玄關的建築的寬度就必須再稍寬一點。

換言之，為了要把幸運之氣招呼進家中，關於道路的狀況、通往玄關的建築的長度及寬度，以及設計等等，都是非常重要的事項。所以，你首先應預先對此有所瞭解。

此外，關於玄關不僅要重視其外觀，同時也要勤加打掃乾淨，這也是一項重要的要素。玄關門廊及玄關之中如果散置著鞋子、自行車、高爾夫球袋、遊樂道具等物品，那麼幸運依然不易進入你家中。

同樣的事在進入家中也是一樣。運氣是從大門進入玄關廳堂，通過走廊來到起居室、廚房、浴室進入的。有時它還沿著樓梯來到你的寢室及洗手間，它會打開門進入這些地方。所以，房間及走廊當然都必須打掃得乾乾淨淨，這樣才可以。

如此進入你的房間的幸運，接著會怎麼樣呢？那就要視你在房間裡或不在房間裡而定。

如果你不在房間裡，幸運會聚集在什麼地方呢?如果它冒出來又會從什麼地方散逸?或者如果你在房間裡，那幸運又如何帶給你幸福呢?

接下來重要的是，首先你應明瞭，眼睛所看不見的幸運之氣是如何彼此互相影響。然後，創造一個讓幸運之氣容易運作的空間，如此一來，幸運之氣才會流向你這個源頭。

二以風水地理為基礎的陽基論

由大門進入的幸運之氣，究竟如何活動呢?本書就要介紹我長年研究的，以「風水地理」的陽基論為基礎來揭開秘密。所謂風水地理，是中國人的想法、觀念，它是說，人類生活於地球之上，居住在自己的土地裡便能過著幸福的人生。如果是住在自己的土地裡，就可以過得幸福。所謂活著時候所居住的住宅是適合自己的，那便稱為「陽基」，而死後所居住的住宅則稱為「陰宅」，也就是墳墓。

在日本，將陽基論稱為「家相」，而陰宅論則稱為「墓相」。

談到陽基，我們每個人都可以根據陽基論來找出，並創造它。只要找到正確的陽基，便可過著幸福的人生。也就是說，為了可讓自己幸福的居所，都必須自己去創造。這麼說來，是不是每個人都必須成為建築房屋的工匠及建築師嗎?也不盡然。

老實說，你如果能為了自己的幸運而審慎地考慮、選擇自己所居住的住宅的裝潢、傢俱的話，那才是創造帶來幸福的居所。

二　你家的幸運全壘打

與氣的活動最有關係的，便是司掌地球上萬物活動的太陽，以及根據這種活動而被決定的方位。因此，首先一開始你必須檢查一下你的住宅及房屋的中心、大陽的活動。換言之，太陽每天從房屋的什麼地方上昇（東方）？正午時太陽又對著房屋的哪一個位置（南方）？當它西沈時，可以在西方見到太陽。在都會中，往往因為鄰居及高樓大廈的干擾，很難正確地知道日出及日沒的位置。但是，我們反而很容易知道正午時太陽的位置。因為正午時太陽的位置是在南方，所以其正相反的位置便是北方。然後，和南北成直角的位置便是東及西。

明白了以上的要領之後，請站在你所認為你家房屋的中心點，然後看看入口的大門究竟位於哪一個方位。也許很少人會發現自己家的大門正好位於正北、正西、正東等位置。（圖1）

譬如，有人家裡大門會開在北與東的中間，如圖2所示，此人大門是在北方。相反，圖3的人，家裡的入口是在東方。同樣地，圖4的人房屋的入口在東方，圖5的人，房屋的入口在南方。

再來看下面的房屋（圖6、圖7），我們應如何去看才好？

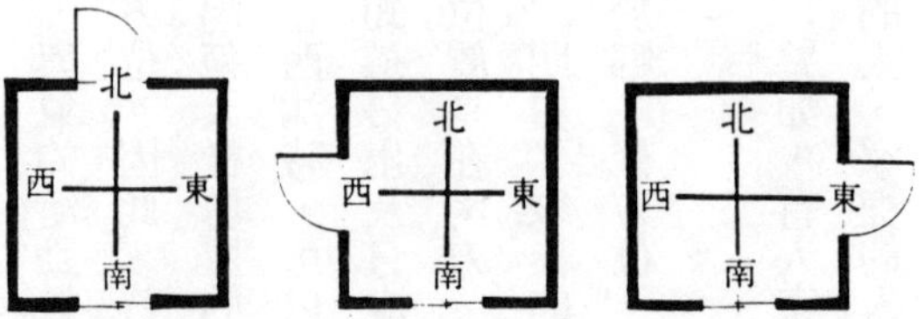

正北的入口　正西的入口　正東的入口

圖1

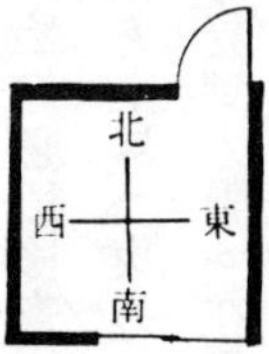

圖2

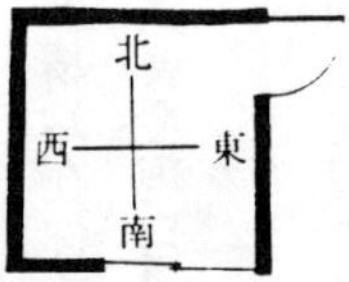

圖3

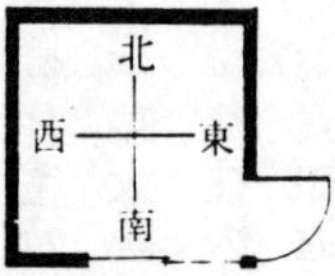

圖4

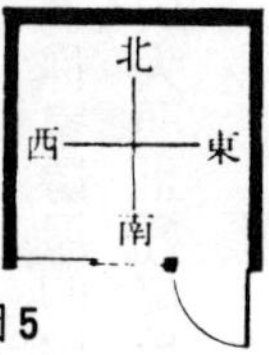

圖5

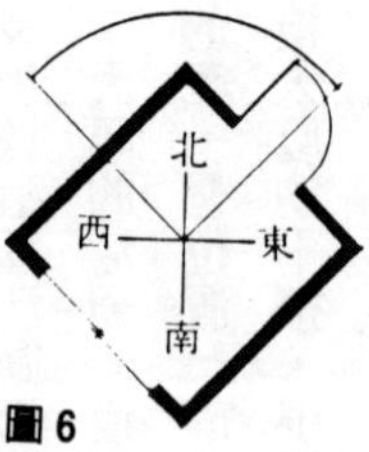

圖6

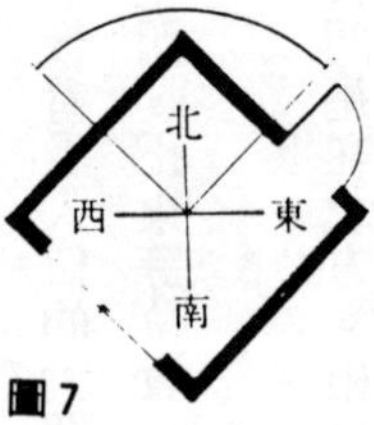

圖7

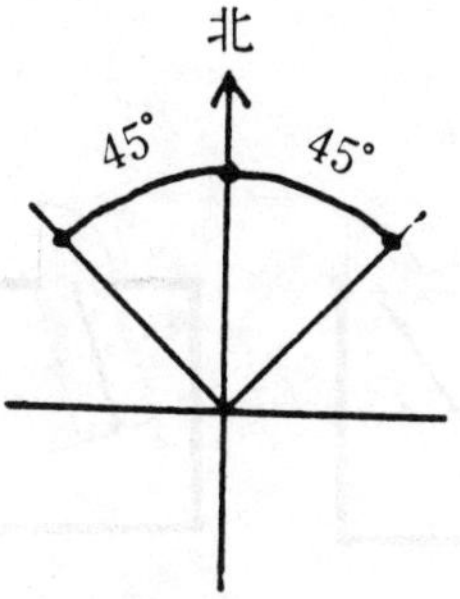

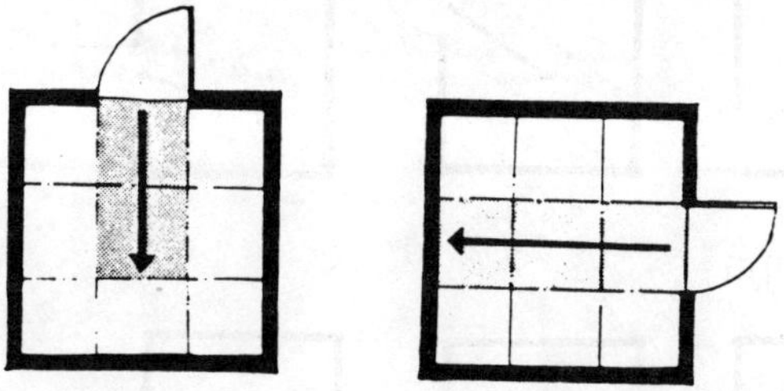

北方的門戶　東方的門戶

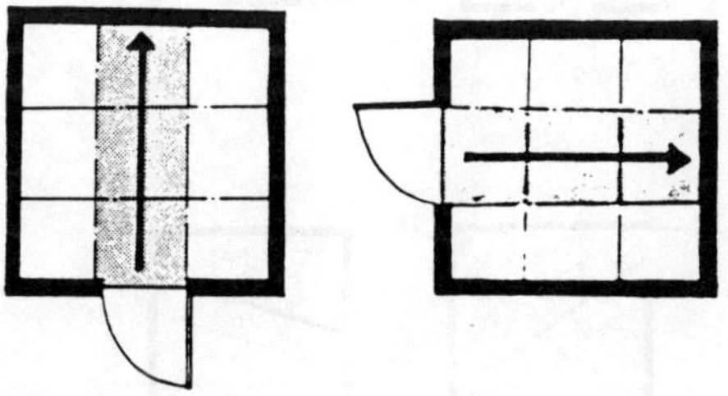

南方的門戶　西方的門戶

<其他的例子>

北方的門戶

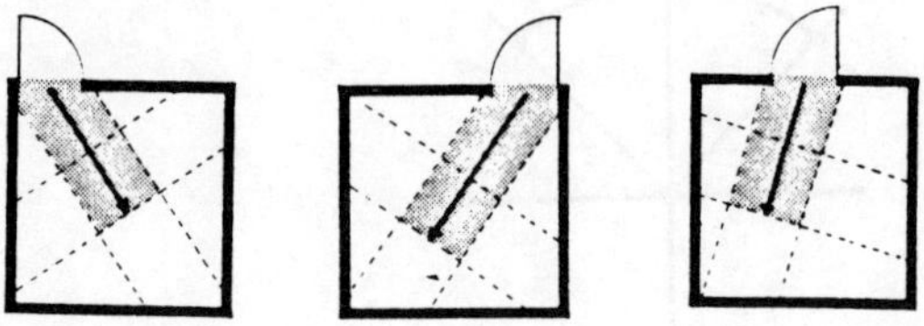

東方的門戶

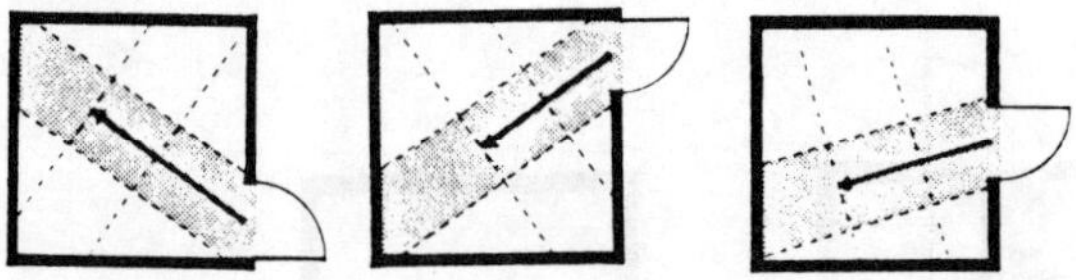

南方的門戶

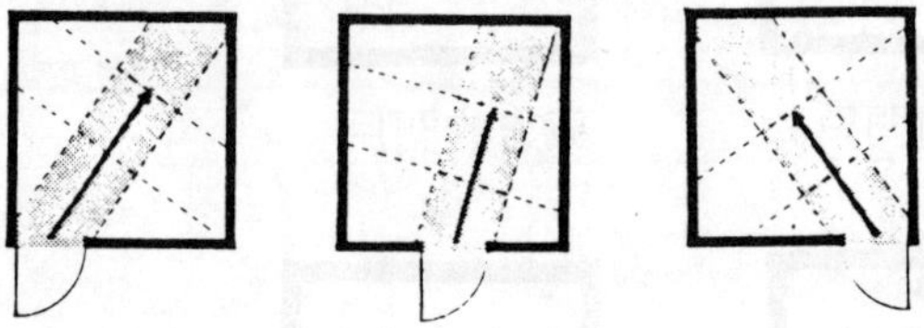

西方的門戶

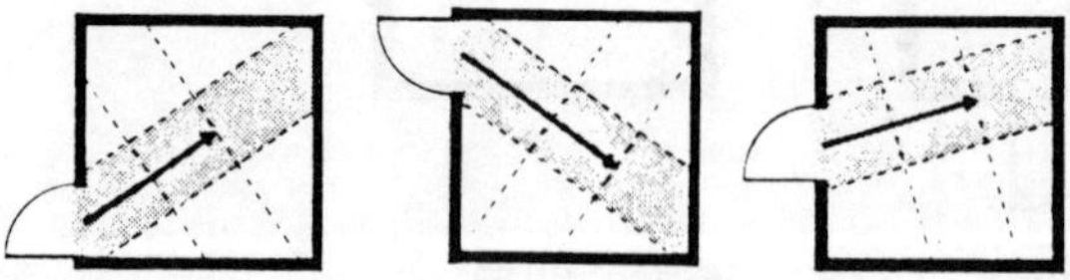

根據後面的圖解所示，北方的大門，幸運之氣的活動是不同的。因此，判斷大門的方位是否為北方是非常重要的一點。有鑑於此，本室內裝潢論將北方的範圍限定於九十度之內。如果大門的方位大部份位於此一範圍之內，那麼我們便可判定它是屬於北方的大門。根據此一原則，圖6可以說是屬於北方的門戶，圖7則應該說是屬於東方的門戶。

判定了門戶的方位之後，現在就要調查你所住的房屋幸運之氣的活動。由入口（門戶）進入的幸運，實際上是依照下圖所示的，根據門戶所在的方位而移動、活動。誠如一開始在前言所說過的，這個區域（斜線的部份）正是你房屋之中最重要的一個空間。然後，這個空間的室內裝潢，也就是床鋪、牆壁、天花板的素材及顏色、照明、傢俱，以及其他陳列擺設的吉凶等等，都會形成你的幸運度。

一　室內裝潢術在香港的成果

由於對於風水的研究及工作上的關係，我曾經去過香港。那時候，我親眼目睹許多有錢人及事業家家中的室內裝潢，瞭解他們對於風水地理、室內佈置擺設的重視。他們都充分明白如何去掌握幸運，對這一點我印象非常深刻。他們如前所述的，都很擅於利用能帶給他們幸運的空間。他們會適切地選擇符合其的目的，構成室內裝潢要素的傢俱、電氣製品、盆景等陳設，並適切地給予配置。好像無論到哪一家去都是如此，我想效法他們，所以向他們請敎，結果發現，他們所依循的都是以風水地理的陽基論為基礎的室內裝潢法。

他們就好像經常變換衣服的式樣一樣，經常在改變室內裝潢。如果他們需要金錢方面的財運，便會留一個屬於財運的幸運空間，或者變換一下窗簾及椅墊的素材、顏色，以符合他們的希望。當孩子要入學時，為了讓孩子能進入好的學校，也會在孩子的房間作一些設計，讓幸運之氣進入，招來有利於入學的八字的運氣，總之在配置室內陳設上非常用心。如果想成為關係良好、感情融洽的夫婦，那他們就會改變寢室的陳列擺設。這些情況都屢見不鮮、不足為奇。

他們都樂此不疲。當然，每天都為了生活而努力不懈，不過，為了更快地達成自己的希望，過著非常有意義的人生，他們在這方面是下了許多工夫的。

諸如美國、加拿大國家，也不例外。無論他們是否瞭解室內裝潢的法則，在居家佈置上如果能符合此一法則，那幾乎都可以過得很幸福。關於這一點，我也覺得十分訝異。看一些過得很幸福的人，也許是偶然，又也許是巧合，總之他們都生活在室內裝潢良好的房屋之中。住在室內裝潢符合風水地理法則的房屋，被幸運之氣所環繞的人，毫無例外地都過得非常幸福。

要建房屋、換房屋、買房屋之類的事情，當然是茲事體大，馬虎不得。不過。要稍微改變一下室內裝潢，妳的先生或公婆大概不會有所怨言。總之，希望妳能在室內裝潢上多加用心，不但能改變心情，說不定也能實現妳的夢想，使一家大小過得幸福。

妳只要依照自己的目的，根據我所示的圖面去配置傢俱及其他必要的陳列擺設即可。

在每一個項目之中，我都會示範理想的房間格局及室內陳列擺設的配置。當然，有不少讀者看了之後會說：「我家的房間格局根本不是這樣的。」「我家的廚房和這個完全不同……。」諸如此類的話。但是，我希望大家不要因為這樣就認為這本書沒有用而丟掉。

換言之，請從我所示範的理想的室內裝潢多多少少找出能適合你家的情形。至少費點工夫、用點心思將它們應用於你現在所住的房屋上。

因此，我在各項目的最後一頁會設一個「理想欄」，上面所指出任何人都能做到的各種改良要點。妳只要讀了這個專欄，便能將幸運之氣招進妳家中。我對這一點頗具信心，所以才執筆為文。

我希望各位都要和我有同樣的自信才好。也就是說，無論妳住在什麽樣的房屋裡，只要有希望幸運的心情，那麽便能讓家中的情形獲得改良、改善，招來運氣，為此請大家務必一試。

那麽，接著我便將能實現夢想的室內裝潢的秘訣全部分為四十項，一一傳授給各位。

你的幸運度及建議的活用法

●在各項目的最後一頁，會有一個「你的幸運度及建議」一欄，這是專為不符本文所說的理想住宅的房屋所作的補救指導。

●從上段的幸運度測驗之中，你可以瞭解你的住宅有多少符合各項目的目的，或是能帶來多少幸福。

◉的數目為4～5個——這樣的室內裝潢可以充分地達成目的。也請參考下段的建議，使你早日掌握住幸運。

◉的數目為2～3個——實現夢想的可能性還算不小，請仔細地閱讀建議，安心地繼續住在你現在所住的房屋吧！

◉的數目為0～1個——很遺憾地，你現在的住宅無法報償你所作的努力。如果無論如何做都無法達成目的時，那不如趁早改建或遷居。

●下段的建議，是一些能讓你立刻實行的要點。

在閱讀這些之前，首先你應瞭解右端上所繪的房屋的門戶，究竟是位於哪一個方位。關於這一點，你可以參考序章。門戶的方位分辨清楚之後，則下面的建議便成為給你的指南。

第一章
建構快樂婚姻生活的室內裝潢

1

建立幸福的婚姻

最近，「不結婚症候群」之類名詞似乎流行起來，蔓延於青年男女之間，且有聲勢愈來愈壯大的趨勢。甚至也有人促狹地說著：「我不是不結婚，而是結不了婚！」之類的話。

屬於這一類症候群的人，都會將結婚看成「人生最大的賭注」而不想蹚這趟渾水，斷了結婚的念頭。一些組成了幸福美滿家庭的家庭主婦，在結婚之初也會疑惑：「自己所要嫁的人是不是真正好的？」到後來才拿定主意：「算了，反正除了這個人之外也沒有別的對象。」而決定下嫁。

要成為一個傑出的家庭主婦，第一步當然是要結婚。從此之後，妳的人生究竟是幸福或不幸，全都與婚姻有關。

相信妳必定一心想贏得這場未知的賭注吧。

二　東南方位的房屋及暖色系是決定要素

能為婚姻帶來好運的方位是東南，接著是北及西。在室內裝潢上如果能考量這一點，來配置居家陳列擺設的話，那是再好不過了。也就是說，從家的中心點來看，寢室及你的房間若位於東南方是最好的。

另外，若向陽、通風更是上上之選。還有，窗戶如果位於房間的東南，顏色是綠色、有花樣，或是米色、粉紅色、乳白色，那也很好。

窗戶不在東南方時，可以在東南方的牆壁上掛上清新的風景畫，或是以畫有四名少女的畫及海報作為裝飾，反之，在北側的牆壁上掛上繪及海報時，就很不利了。

如果你想和目前正在交往的人結婚，那麼就可以把信件之類的東西收在北側傢俱的抽屜裡。在北側放一個書桌也很好。

另外，在西側的牆壁上，可以放衣櫥之類的傢俱及有鏡面的化妝台。如果放裝著熱帶魚等魚類的水族箱，那麼現在就僅止於遊戲，不會有結果。

門戶應儘可能乾淨、簡單，在上面貼著海報及日曆，或是在門把上垂掛著垂飾之類的東西，都是不好的。

在顏色方面，暖色系最能為你招來良緣。室內陳列擺設當然不用說，地板及傢俱最好也都使用暖色系，否則，可以鋪上暖色系的地毯。可以的話，牆壁及天花板也最好使用暖色系的顏色。

照明可在天花板的中央安裝一盞，然後在北側或西側的牆壁上安裝一盞，總之，一定要安裝在二個地方。

除此之外，床鋪及傢俱等等可以如次頁所示般配置，那是再好不過了。

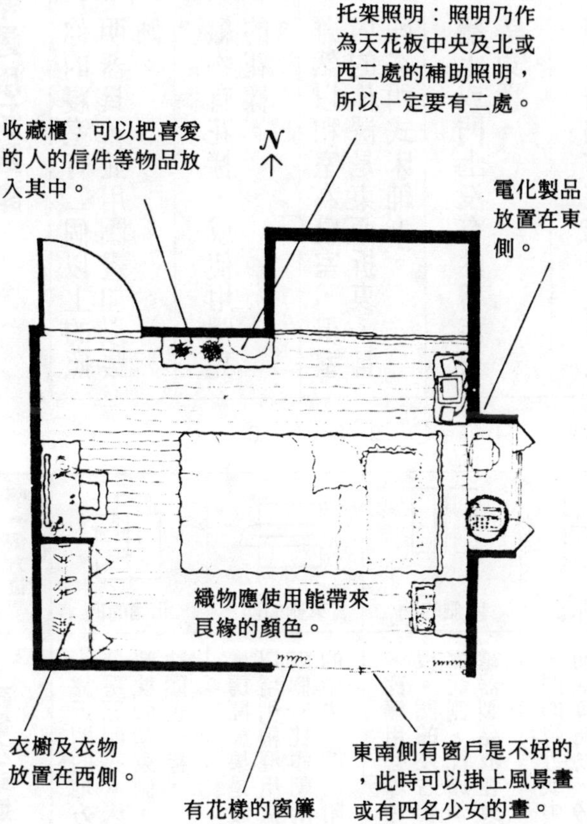
托架照明：照明乃作
為天花板中央及北或
西二處的補助照明，
所以一定要有二處。
收藏櫃：可以把喜愛
的人的信件等物品放
入其中。
N
電化製品
放置在東
側。
織物應使用能帶來
良緣的顏色。
衣櫥及衣物
放置在西側。
有花樣的窗簾
東南側有窗戶是不好的
，此時可以掛上風景畫
或有四名少女的畫。

地板：鋪地床或使用暖色系的地毯。
牆壁、天花板：使用能帶來良緣的顏色及柔軟的素材。

你的幸運度及建議

I	II	III	IV	V
你的寢室有二個以上的照明器具，並用圖畫加以裝飾。	織物有花樣，或使用明亮的花樣。	雖然以和室為寢室，但室內的佈置是東西折衷，且睡在西式床鋪上。	牆上或門上沒有貼著海報等東西。	寢室內經常裝飾著花卉及觀葉植物。

YES的數目：　4〜5＝○　2〜3＝△　0〜1＝×

寢室的門開向哪一個方位？	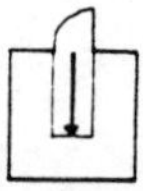 北側的門	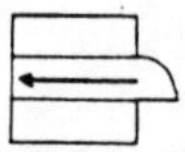 東側的門	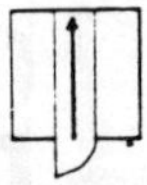 南側的門	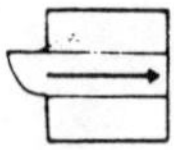 西側的門
配置在幸運區域的室內佈置	・靠近門的地方設有照明器具，儘量使房間明亮。床鋪配置在中央，睡覺時枕頭朝東側。床單之類要有花色，枕頭也一樣。	・房間如果是暖色系，床單及床罩可以用稍稍混用藍色的色系，床要靠在南側。枕頭朝南側。照明放在天花板的中央，門的附近放置書桌。	・窗簾用苔綠色或淺綠色為底的印花板。門的左右要放置觀葉植物。床鋪靠北側，枕頭朝東而睡。可將電視等電器製品放在東側的牆壁。	・門的附近或中央放高約一・三公尺的觀葉植物，旁邊放一個雜誌架，然後枕頭朝南，北側放櫥櫃以收納傢俱。或衣櫃放置衣物。

各種類別的室內佈置秘密

方位

一般而言，以東、西、南、北為基準共有八個方位，而每一個方位都蘊含各自特有的能量。

◉北……司掌男女的愛情及性愛，並具有保守秘密的能源，也司掌私房錢等財運。

◉東北……創造、變化調差、遷移等情形的能量。也具有能消除子女煩惱的力量。

◉東……具有司掌年輕、幹勁、挑戰新事物的精神等能量。

◉東南……具有司掌結婚、交際等緣份的能量，是人際關係上不可或缺的方位。

◉南……具有司掌美麗、靈感、社交性的能量，在教育、暴力、法律裁判等方面，也具有強力的作用。

◉西南……在家庭圓滿、成為賢妻良母上具有力量，在不動產運上也會帶來影響。

◉西……具有司掌男女交往、談話、戀愛等悅樂的能量。在有關做生意及財運上也具有力量。

◉西北……在出人頭地運、勝負運上具有很大的影響力。是男性運氣之源。也具有保護老後運氣的能量。

2

享受魚水之歡

本項目是為未能享受魚水之歡，或相反地丈夫糾纏不休的婦女們有所建議的。

夫妻兩人的性生活不協調，無法享受魚水之歡，妻子一方甚至無法追究丈夫在外面勾搭的女人，其實，這個問題的原因即在於房屋的隔間及室內佈置。

也不能說因為如此把床鋪換新，或製造有氣氛的照明即可，或是把錢花在窗簾及傢俱上即可。最近，似乎有的人甚至在寢室裡裝設錄影機，把房間弄得像賓館一樣，或是充滿了羅曼蒂克的氣氛，像電視上愛情劇的場景一樣。

事實上，這樣做並不一定能為你帶來大的喜悅。

因此，首先我要為大家說明，什麼樣的房間隔間會為你的性生活帶來不良影響。

二 從浴室的方位可以明瞭性生活不順利的原因

談到所謂的不艮條件，如位於西側、北側的浴室、廚房、洗手間或洗臉檯等與水有關的地方都是。

我想一定有人會說：「原來如此。」

在這些方位上如果設有與水有關的場所。即使是丈夫有「性趣」，妳卻不行。或者反之妳想享受魚水之歡，但丈夫卻提不起「性趣」。總之，雙方就是不協調，在性的方面總是白忙一場。

誠如泰莉莎•狄恩的歌曲所言，面對西方的房屋是喜悅、快樂。西方是男女享受魚水之歡的方位。在這個地方設置浴室等與水有關的場所，無論是你或丈夫都不會向對方求愛，而會往外發展。

另外，浴室位於北方的夫婦，雙方都會忙於工作或知識上的追求，對性愛方面根本沒有興緻。

二 寢室位於東南方是重要關鍵

雖然是夫婦，如果在房事之間暫停下來，也會感到尷尬，而如果要由自己再重新採取行動，恐怕也比較困難，動作就會顯得不自然了。

但是，在這樣的情況之下如果懂得如何佈置你們的寢室，那麼，一旦碰到這樣尷尬的情況自然能迎刃而解，而且很快地就變得熱情如火。

寢室之中朝陽照進來的方位，以東南方最為理想。如果讓朝陽由東方的窗戶照進來，尤其理想。窗戶牆面的牆面上一定要掛上時鐘。

床鋪要放置在房間的中央，枕頭朝北而睡是最好的。如果講究吉利與否，枕頭就要朝東。枕邊要擺一個燈座。

房間的東南方，是夫婦互訴情話的地方。你們兩人可以偶爾一邊拿著飲料，邊看著喜歡的錄影帶，這豈不是一件賞心樂事嗎？

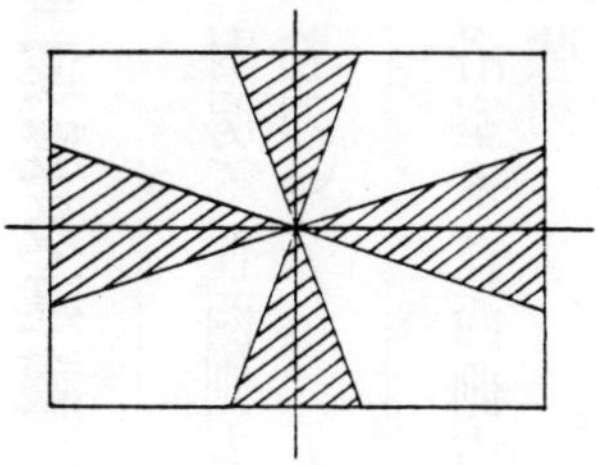

◉如果夫婦兩人想共度春宵，那麼在房間的隔間上，如左圖斜線部分的空間，是非常重要的。在這個區域如果設有廚房（尤其是污水槽及烤箱）、浴室、洗手間、大門等等，性生活便無法順利。寢室應如下圖所示去佈置。

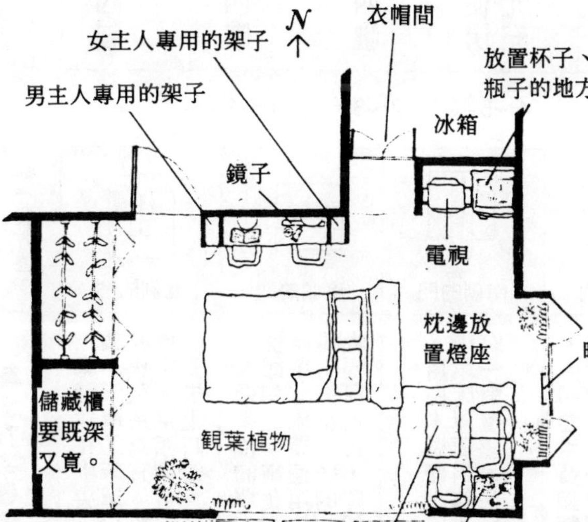
時鐘
床邊的桌子上要
擺上花卉、電話。
大的窗子最好
要有雨棚。
東南方的空間是
夫婦休閒的場所。

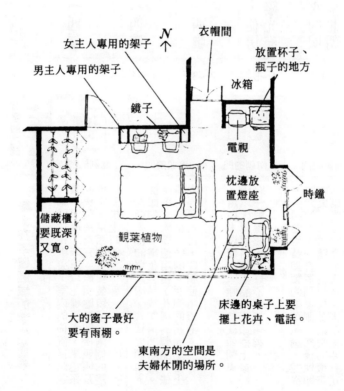

你的幸運度及建議

I	II	III	IV	V
廚房不在西側方位（西曬強烈）。	浴室不在西側方位（西曬強烈）。	大門不在西側方位（西曬強烈）。	寢室雖有許多傢俱，使房間顯得狹隘，但卻陽光充足、通風艮好。	寢室為朝陽可照進來的明亮地方，化妝台應坐北朝南。

YES的數目：　4～5＝○　2～3＝△　0～1＝×

寢室的門開向哪一個方位？	配置在幸運區域的室內佈置
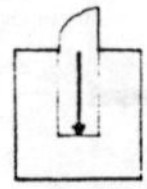 北側的門	・床鋪放在中央，室內的佈置採暗色調。床單、床罩以花樣樸素，米色系或灰色系為宜。照明應採間接照明及燈座。東西側可安裝鏡子，南側的牆面側掛上時鐘。
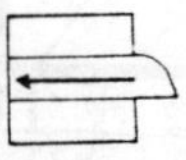 東側的門	・採低床位的單人床，式樣要簡單。枕頭朝北。電化製品放在房門附近。床單、床罩使用格子花樣的製品。傢俱用豪華一些的。西側的牆面上掛上大幅風景畫，照明使用燈泡。
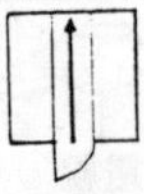 南側的門	・用白木做雙人床睡覺時枕頭朝東。床單床罩要用絲織品。床頭櫃上最好有一對燈座。最好不要擺電視。
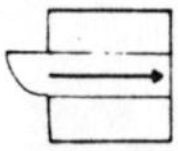 西側的門	・床頭要用黃銅製的豪華床鋪，並從房間的中央一直擺到東側，然後枕頭朝東。床頭櫃上也要擺黃銅製的燈座。東側要明亮，床單、床罩也要有花樣，豪華一點。

3

讓財運亨通

有句話說：「廚房便是火車。」的確，財運受到廚房的陳列擺設所左右，現在我們就依方位別來看此一傾向。

■北側的廚房會儲存力量

廚房如果位於陽光較少的北側，而且流理台前的磁磚是象牙色或白色的話，那麼就會不斷地儲存力量。

廚房裡的用具應用暖色系的顏色才好，且經常擺放粉紅色或橘色的花作為裝飾。傢俱或食器類不要擺在廚房內，收藏在陽光充足的餐廳及客廳。

照明應弄得明亮一點。廚房如果沒有窗戶，那麼照明就要更加明亮，即使眩目也無妨。

廚房的門最好是象牙色或白色，不要有紋路清楚的門。

■東側的廚房對貨幣行情有著強烈的影響力

朝陽照進來的廚房，可以培養住在其中的人對於公定利率、貨幣行情、金融行情的直覺力。

倘若要有效地發揮此一力量，則室內裝潢上必須採用美國製的廚房用具。更重要的是採用藍色系或紅色系的用具，這是一大要點。牆壁的磁磚應採用藍色。如果沒有窗戶，就必須採用暗紅色。地板則以磚紅色為宜。

廚房一系列的門，最好採用紋路清楚的花紋且光面的最為吉利。

■南側的廚房若採用光亮的用具就會運氣亨通

正午太陽照進來時，把寶石及貴金屬擺在廚房的某個地方，便可打開財運，財源滾滾而來。廚房內隨時打掃得乾乾淨淨是最完美的。

通風扇若是汚穢不堪，或是嗡嗡作響，那麼你的才能恐怕很快便枯竭了。所以，有這樣的情形時應換新通風扇。

廚房的門除了要採用一系列華麗的顏色之外，廚房的用具也要採用白色或黃色。還有，鍋子、碗、架子都最好採用閃亮的不鏽鋼製品。

太陽過強時，應使用米色或白色的遮陽板去遮掩，但是，照明一定要明亮。請在窗邊放二盆觀葉植物（波斯菊等）。

西側的廚房重點即在於「高級感」

受到太陽西曬的廚房，具有兩種作用，一是財源廣進的力量，一是不斷漏財的力量，不知會起其中哪一種作用。

如果希望廚房具有財源廣進的力量，那麼，廚房佈置上的「高級感」是其重點。花卉必須是豪華的、耀目的，而且隨時都裝飾花卉。牆壁上應掛著有海洋、藍色天空的畫或海報。

佈置的用品如果是陶瓷器，那也會招來幸運。餐具架應放置較高級的「有田燒」咖啡杯，或者杯墊及水果籃也都要用陶器品才好。

另外，無論任何一種廚房，如果地板有油污或產生垃圾的惡臭，那就會招致大凶。倘若不注意這些，則無論多麼用心也不會招來財運，即使金錢來到面前也可能讓它溜走，所以請千萬不要忘記這一點。

北側的廚房

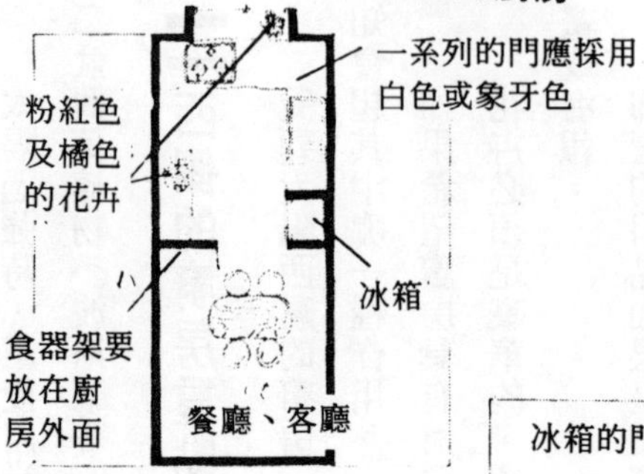
一系列的門應採用
白色或象牙色
粉紅色
及橘色
的花卉
冰箱
食器架要
放在廚
房外面
餐廳、客廳

東側的廚房

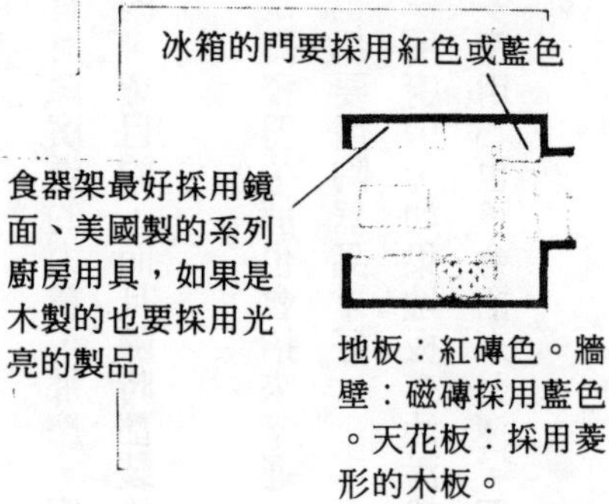
冰箱的門要採用紅色或藍色
食器架最好採用鏡
面、美國製的系列
廚房用具，如果是
木製的也要採用光
亮的製品
地板：紅磚色。牆
壁：磁磚採用藍色
。天花板：採用菱
形的木板。

南側的廚房

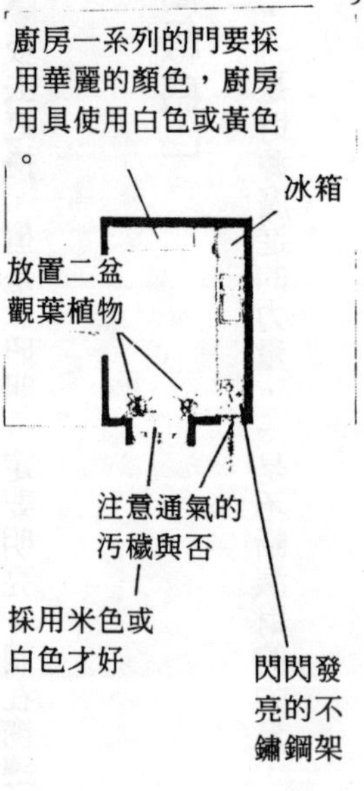
廚房一系列的門要採
用華麗的顏色，廚房
用具使用白色或黃色
。
冰箱
放置二盆
觀葉植物
注意通氣的
污穢與否
採用米色或
白色才好
閃閃發
亮的不
鏽鋼架

西側的廚房

西曬時就放
下遮陽板
有海洋、藍色天空
的畫或海報
冰箱不要放在面對
直射日光的地方
食器架應是高級的暗色調製
品，擺一些高貴的食器

你的幸運度及建議

I	II	III	IV	V
廚房有出入口。	廚房和餐廳是分開的。	使用一系列的廚房用具。	冰箱門的顏色是白色，爐檯隨時保持乾淨。	廚房通風良好，而且明亮。

YES的數目：　4～5＝○　2～3＝△　0～1＝×

廚房的門在哪一側？	北側的門	東側的門	南側的門	西側的門
	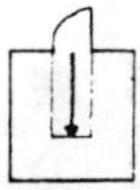	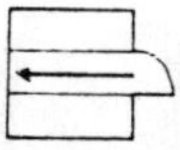	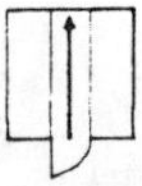	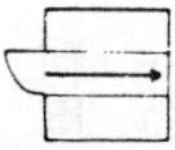
配置在幸運區域的室內佈置	・在幸運區域配置餐車、餐桌、配膳台。照明要放在中央。烤麵包機、鍋子、杯子之類的小物品及電氣製品及餐具墊也都要採用黃色。	・幸運區域裡若有流理台、瓦斯爐檯最為理想。正面如果有窗戶，就要擺黃色的花。墊子也要使用黃色。如果不符合理想，就要在幸運區域上擺收音機，聽ＦＥＮ。	・在幸運區域放置食器架。使用黃色花樣的食器會增加幸運。若無法如此做，就要自己畫一幅結黃色果實的植物（橘子、金桔之類），然後擺上去作為裝飾。	・在幸運區域裡設有照明器具為基本要點。餐桌上放調味料的容器也要有黃色。另外，白色的桌巾上要放置一個水果籃，裡面裝有香蕉。

4

善加儲蓄私房錢

儘管你沒有特別的才能，如果你能好好地利用室內裝潢法，用心地佈置，那就可以成為一位富翁或富婆，可以使私房錢與日俱增。

財運要在夜晚經營

財運是在夜晚（晚上十一點～早上四點左右）被孕育出來。因此，問題在於你的寢室的陳列擺設。寢室愈寬財運便愈廣。

首先，床鋪應放在房間的正中央，讓你的腹部正好位於房間的中心來睡覺。頭部的朝向和財運有直接的關係，所以如果枕頭朝北，那麼人際關係及財運都會變好。如果枕頭朝南，那麼就會帶給你更多的靈感。枕頭若朝西可熟睡，枕頭若朝東則可以早起。

床下如果鋪著米色、深褐色、綠色的踏墊，那就再好不過了。

至於被褥，請每日正確地鋪在中央的位置。

一東側有向外突出的窗戶最為理想

由房間的中央（床鋪的位置）來看各方位的方法，請參照圖示，接著請佈置所指示的物品。

北面是金庫。外觀上是木製收藏櫃類型的東西，裡面可以放一些寶石、印鑑、帳簿等與金錢相關的東西，東西要經常放著，不要空出來。

東面最好有高窗。在這裡可以放置電視、音響、擴音器等等。牆壁掛上時鐘，並安裝空氣調節器，讓風由東南方吹送。

房間的出入口（門）若是位於東南側，那就更吉利了。門的旁邊擺一張小桌子，放置電話。另外，擺電腦、文字處理機，或是以花卉裝飾。還有，擺一些小物品及飾品等東西作重點裝飾也不錯。

南面是通風用的窗戶的最佳方位。但是，窗戶如果過大時，就要在窗戶的兩端放置觀葉植物。

西面設置一個架子，以高級的茶器、咖啡杯、貴金屬等物品作為裝飾。牆壁上掛著有豪華感的畫。畫要用聚光燈使光線集中照射。如果是和室，那就要設置壁龕，放一些掛軸或壺、罈、罐等有價值的東西。

西北面要放置大的木桌，旁邊要放置有鏡台的化妝檯，可以看見大的影像。桌子及化妝檯最好是美國製的製品。

室內要使用落地燈或壁燈，隨時保持明亮，這一點非常重要。

另外，為了保守積攢私房錢的秘密，請參照「不洩漏重大的秘密」（一二三頁）一項。

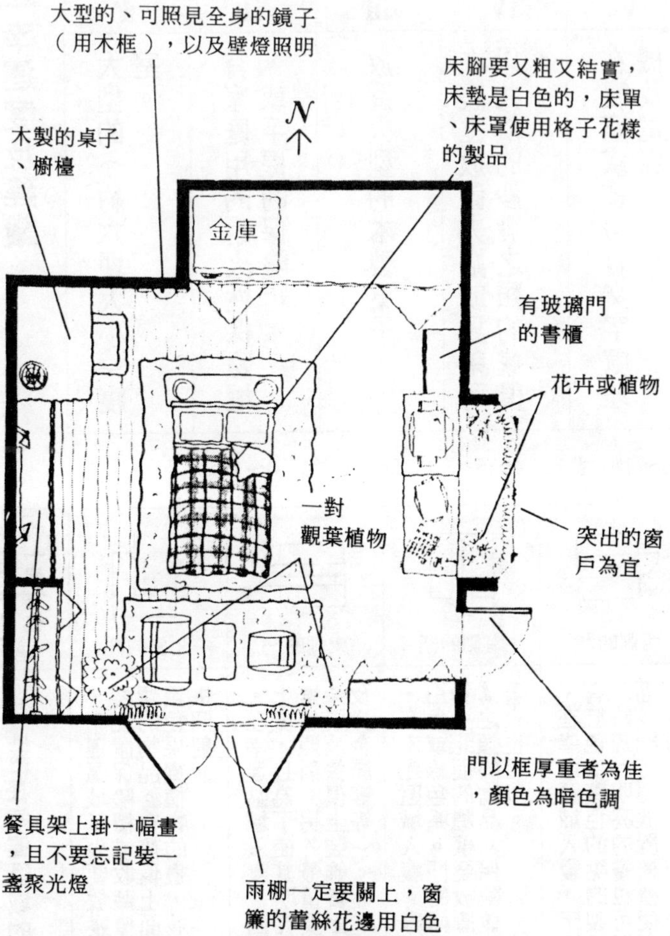
的，布的底色則為米
色，且用金色的花樣

地板：使用油木等素材的地板，顏色為暗色系。也可以鋪軟木地板。
牆壁、天花板：塗灰泥，顏色為米色系。

你的幸運度及建議

I	II	III	IV	V
大型的（約六坪大小）寢室。	有家庭用的耐火性保險櫃，或手提的保險箱。	放置大型的木製桌子。	在寢室放置夫婦或兄弟可以共飲的沙發之類的傢俱。	在寢室或書房有文字處理機及電腦。

YES的數目： 4〜5＝○　2〜3＝△　0〜1＝×

寢室的門開向哪一個方位？	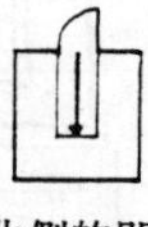 北側的門	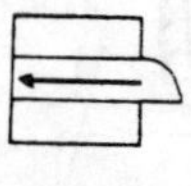 東側的門	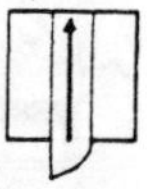 南側的門	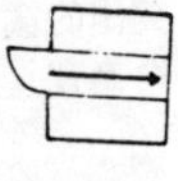 西側的門
配置在幸運區域的室內佈置	・幸運區域至少要放寢具。門的附近要配置保險櫃或收藏櫃，放入帳簿之類的物品。在傢俱上面要掛繪有會結黃色果實植物的畫，並且要用聚光燈去照射。	・在幸運區域入寢。西面的牆壁要掛上畫，且為了使其明亮要用聚光燈或壁燈照射。另外最重要的一點是，在架子及傢俱上裝飾貴重的物品（茶器及貴金屬等等）。	・在幸運區域入寢。床單、床罩使用白色或綠色系。門的兩旁要擺觀葉植物。北面的牆壁要放置傢俱，放入帳簿之類的物品。保險櫃是最好的，但書桌也可以。	・在幸運區域入寢。床單、床罩使用有紅色或藍色的點的製品。電化製品、時鐘（明亮的畫也可以）要掛在東面。門旁要放置櫥櫃使入口處明亮。

各種類別的室內佈置秘密

枕頭的朝向

人在一天二十四小時之中，睡眠約佔了三分之一。並且，由於睡眠時幾乎不會移動，因此枕頭究竟朝向哪一個方向而睡，你的運氣都會受到影響。

◉枕頭放在東面而睡，稱為東枕。如果是東枕，早上可以很自然地早起。對於業務或公關的從業人員是很好的。

◉相反的情形，稱為西枕。此時會彎著腰睡覺。從事於餐飲業及金融業的人都會這樣睡。尤其是對患有失眠症的人及上了年紀的人，是很好的方位。

◉如果以南枕入寢的話，可以產生靈感，所以最適合於需要直覺的人。晚上熬夜而早上睡得很晚的人，或是從事於企劃、演藝、廣播等相關行業的人，比較適合這個方位。

◉北枕自古以來即容易招人嫉妒、排斥。但這是出自於佛教上的理由。事實上，以北枕的方位入寢，會變得頭寒腳熱，所以可以熟睡。而且，對人際關係及財運變得良好很有效，因此，不需要刻意去避免。

尤其是對從事於腦力工作及經營者很好。

5 成功地減肥

並不是只有年輕女性才會將減肥當作永遠的課題。結婚之後的婦女，如果一直保持美麗的體態，那麼重享快樂的青春就不是遙遠的夢想。

第一，如果減肥成功，那就可以想穿什麼喜愛的衣服就穿什麼。如此一來，自信便源源而來，所以減肥是一件不可思議的事情，但是，也有人無論如何努力去實行各種減肥法，也沒有效果。

這不僅是因為意志薄弱、不夠努力，其實也包含了一些意志被削減的原因在內。

人所穿的最大一件衣服是住宅。

人的體型，只要從衣著上便可看出，你的體型，其實也決定於室內佈置，什麼樣體型的人，會作什麼樣的室內佈置。

二　減肥的顏色是寒色系

理想的房屋隔間，應是起居室朝南，且陽光充足的良好場所，房屋的南面要有窗子，東面則有作為出入口的大門。

靠近南面的窗戶附近，應放置體重計及可照見全身的鏡子。由南面進入的氣，具有暴露現實的力量。窗戶的旁邊放置一對落地燈的話，則氣會更強。

東面的牆壁上，掛上青年所畫的畫及美國的海報。房屋的四個角落設置壁燈，或是插有白色花朵的角落用傢俱。

再者，減肥時總是會顯得比較焦躁，但此時能帶給你們幫助的，是寒色系的室內佈置。房屋之中佔了很大空間的窗簾及地毯，務必得選用藍色系及灰色系的顏色。

寢室內的床鋪，要靠西面而放，睡覺時枕頭朝東或朝南。床鋪的旁邊，擺著減肥成功時要穿的衣服。牆壁上若裝飾著令人想像到海的東西，或是陶器之類的東西，則效果會更加提高。但是，如果是熱帶魚等水族箱那就不行。如果你是從事於運動的人，那麽也可以把球棒、球拍、球鞋之類的東西放在床鋪附近。

照明應在天花板設置一盞，南面的牆壁上設置一盞，共計二盞。儘可能使燈光明亮。

房屋的西南面一旦污穢不潔時，就會失去幹勁，所以應隨時保持乾淨整齊，並且也要擺上觀葉植物。

掛一些畫有森林及草原的畫，讓房屋散發植物的芳香氣息時，也有利於減肥的朋友。

二不適合於減肥的房屋格局及室內佈置

減肥常會半途而廢的原因，在於洗臉檯、廁所等地方位於西面及西北面。但房屋的格局不易改變，所以我們不如作如下的佈置。

廚房裡不要把應洗濯的東西堆積在水槽內。爐台、食物的油污、漏水等等，也都要注意。

廁所應充分通風，乾淨整齊。廁所用具應採用藍色為宜。

浴室、洗臉台、浴缸不要積存用水，也要防止排水不通。

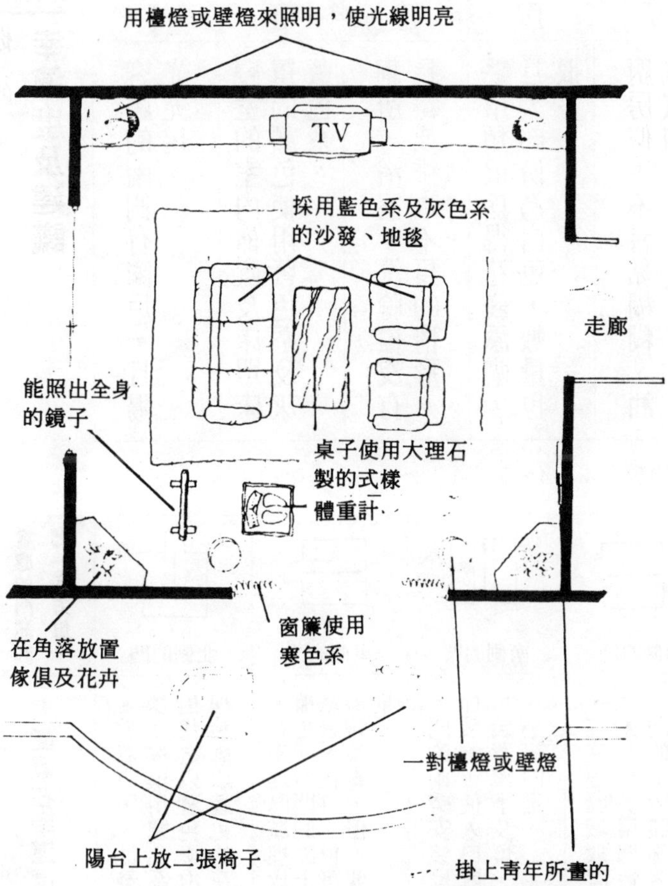

地板：鋪設軟木地板或白木類地板
牆壁、天花板：塗灰泥

你的幸運度及建議

I	II	III	IV	V
客廳的南側有窗戶，且陽光充足。	寢室的室內佈置及床單床罩的顏色使用藍色系及灰藍色系。	廁所、浴室、洗臉檯沒有長霉或排水不良的情形。	毛巾類很捨得花錢添購，且大部份為白色，數量也很多。	廚房似乎不會黏糊糊、油膩膩的。

YES的數目： 4～5＝○ 2～3＝△ 0～1＝×

客廳的門開向那一個方位？	北側的門	東側的門	南側的門	西側的門
	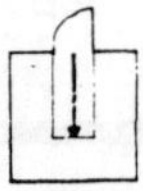	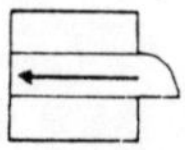	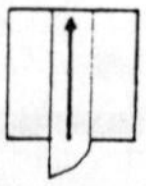	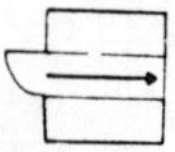
配置在幸運區域的室內佈置	・放置桌子、沙發，並在中間鋪上地毯。傢俱用寒色系的顏色雖很不錯，但代之以藍色桌巾，或在藍色的陶器裡裝飾以藍色的花卉也很好。	・在幸運區域裡放置寒色系的傢俱及檯燈。西門的牆上設置一面大鏡子及壁燈、花卉。也可以掛上美麗女子的海報及畫，但不要忘了要置聚光燈照射。	・門的兩旁安裝壁燈，或以觀葉植物作裝飾，使入口處明亮。北面的牆上可裝置鏡子及燈，或掛上有可愛花朵、小船的畫。	・在幸運區域放置沙發、椅子等傢俱。尤其是多用寒色系的傢俱用品更好。門的兩旁裝飾著畫，附近放置可以看見全身的鏡子。

6

提高賭運

一次也好，若能中個一千萬元，或是至少一百萬元，那該多好，所以真想試一試運氣。

如果真的中獎了，那麼可以出國旅行或大肆採購一番了……。做這種白日夢的人，似乎不少，但是，因為買彩券而中獎的人是少之又少的。有人反而因為中獎而喪失了人生的重大運氣及幸運。

如果中了獎反而使人變得不幸，那麼這種事還有誰要做？

因此，我希望大家注意的，是你的寢室的陳列擺設。

現在我要介紹一個只要花費些許時間，但能使你同時擁有勝利及幸運的方法，使你在彩券及賽馬等賭注中獲勝，又不失去幸運。

賭注是最受運氣所左右的事情，因此，如果你只是漫無目的地祈禱賭贏，那是沒有用的，請一定要靠自己，好好地努力去招來運氣。

二用觀葉植物提高直覺力

第一條件是寢室有四坪以上。狹小的寢室是無法帶來好運的。

東側如果有大的窗戶，那麽附近就要放置音響或電視。沒有窗戶的話，可以擺一盞落地燈。掛上畫有大紅色花朵的畫或年輕男性的海報也可以。這樣一來，我們才可以聚得來自東側的決斷力量。

南側如果有大的窗戶及陽台最為理想。陽台上要放白色的桌子及白色的椅子。請不要放置洗衣機及乾枯的盆景等東西，這是不正確的做法。只要這樣做，就會減去彩券中獎的運氣。另外，在窗戶附近要放一對觀葉植物，這樣便可增加直覺力。

西南側要放置呈現暗色木紋且附有玻璃門的書櫃或餐具櫃。為了加強決斷力，東北側要放置附有鏡子的化妝檯。

地上要鋪地板，然後鋪上綠色底而有紅色、藍色花樣的地毯，並鋪在中央。牆壁及天花板最好採用綠色的、簡單的十字紋。

另外，為了招來賭運，顏色應採用橘子及粉紅色等。

床鋪應採用較低的雙人床，放在西～西南側，然後枕頭朝北而睡。床罩要配合窗簾的顏色，枕頭套則採用白色或黃色。夫婦兩人共寢時，如果希望買彩券中獎，那就要靠牆壁而睡。照明方面，天花板設置一盞，西側、西北側及東北側的牆壁各設置一盞。

■縱然祈求神明庇佑也無濟於事

家中最好有神龕、佛壇，但也不能只為了中獎而每天祈禱。因為，神明這樣神聖的東西並不會帶給你賭注上的好運。

有的人甚至把彩券擺在神龕及佛壇等地方，這也是行不通的。

彩券等獎券，如果是男性，可以把獎券放入藍色的信封裡，然後收藏保管在室內較低的地方（譬如床鋪下抽屜等等）。

女性的話，可以放入粉紅色及紅色的信封，放置在房屋中明亮的地方（譬如書架上、化妝檯上、電視旁等等），但是，最好避免太高的地方。

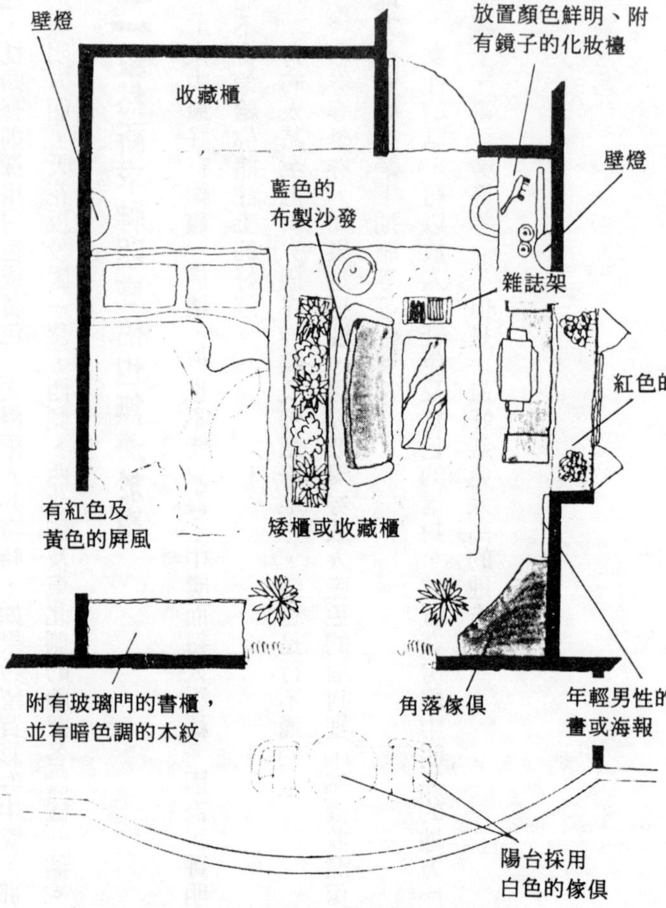
為了富有決斷力，
紅色的花

地板：地板的中央鋪上地毯，並採用綠底、
且摻有紅色、藍色花樣的製品。
牆壁、天花板：簡單的十字紋，米色系或
綠色系為佳。

你的幸運度及建議

I	II	III	IV	V
有四坪以上大小的寢室，窗邊裝飾著花卉。	寢室有朝東或南方位的窗戶，頭向著窗戶入寢。	寢室裡有華麗且大型的化妝檯，也有男主人的書房。	夫妻關係良好，相敬如賓。	有神龕及佛壇。

YES的數目：　4～5＝○　2～3＝△　0～1＝×

寢室的門開向哪一個方位？	配置在幸運區域的室內佈置
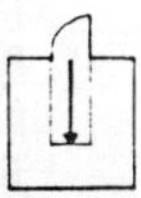 北側的門	・床鋪放置在中央，枕頭朝西。床旁小桌上放著紅色或藍色的小物品。門的兩旁掛上小幅的海洋畫。可以多多使用黃色，但觀葉植物及紅色的花卉是不可或缺的。
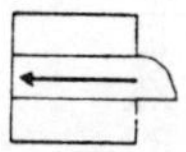 東側的門	・床鋪靠西而放，配置儘量如本文所指示的去做。如果非放電視不可，那就要在門的左右設置壁燈，然後掛上少年的畫。在幸運區域裡要放一些會結紅色果實的樹或花。
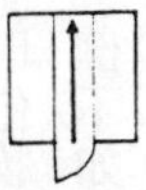 南側的門	・把附有鏡子的化妝檯靠北側的牆壁而放，然後朝南左右各放一盆觀葉植物。下面垂吊著3～5個人工製的蘋果。如果喜歡看書，那就在北側的牆壁放置書架。但不要忘了紅色的物品。
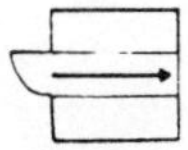 西側的門	・床鋪不是放置在西側的人，就要睡在中央，枕頭朝西。東側放置音響等會發出聲音的東西及時鐘、大紅色玫瑰的畫、壁燈。旁邊放置雜誌架及小桌子。

各種類別的室內秘密

素材

素材與其使用人工製的東西，倒不如儘量使用自然的東西才好。而使用化學纖維，也不如使用棉、麻、絹等亞麻布。使用化妝板（鉋平的木板）的書架，不如使用原色的書架。與其使用塑膠製的製品，倒不如使用陶器、籐製、木製的製品。

◉舉例來說，陶磁器的素材是取自泥土，但土壤裡即蘊藏著大地的能量。另外，也有「腳踏實地」這一句話，誠如所言，腳一踩在地上吸收了大地的能量之後，就會讓我們整個沈著穩定下來。

◉樹木也是得自自然恩賜的產物。尤其是自然的東西更具效果。

◉不鏽鋼及黃銅等素材由於是會發光的素材，所以具有提高該方位能量的作用。但是，如果因為如此便使用於房屋之中，那麼能量反而會減弱。所以，使用於重要的地方才是高明的利用法。

◉玻璃所具有的陰的能量，它可以使人鎮定的作用，但玻璃予人一種冰冷的感覺，如果用得其所，那就會迅速增加室內佈置的力量。不過，玻璃若是沒有擦得亮晶晶的，就無法發揮這項優點。

7

學習方面更加進步

平日上午的網球課裡，可以看到許多女性穿著嶄新的運動服，然後圍著腋下夾著網球拍的指導老師。

這些女性，幾乎都是已婚婦女。

她們開始去上各種技藝班的理由，雖各人不同，但大致說來，不外乎一大早就把丈夫及孩子送出家門，孤伶伶地一人在家，此時就會突然被某種疏離感所襲擊……，這樣的似乎最多。

丈夫及孩子們也認為「媽媽這也算是踏入社會，多少有所成長。」或者說：「老是待在家裡對身體也不好。」之類的話，所以大家都認為上技藝班是理所當然的，也都很贊成。

正因為如此，最近「針對婦女所設的××講座」是愈來愈盛行了。

但是，開始去上課是很好，卻覺得絲毫未

有長進，覺得無趣而半途而廢的人，似乎也不少。不過，既然已經學了，如果能取得資格，那麼就不會覺得沒有面子，丈夫及孩子也會與有榮焉。甚至，有時可以憑著這份技藝去找一份時間配合的兼差工作，這並不是妄想。

因此，如果你這樣想：「好，我也來試試看！」而精神百倍、躍躍欲試的話，那麼請務必參考如下的室內佈置。

天底下的事情，有才能倒不如努力。這個道理，年紀較長的婦女們一定非常明白。而且，有一份耕耘就有一分的收穫，也更增添人生的一分喜悅。

■依方位別統一室內佈置的顏色

想努力就有成果的室內佈置，重點在於東側及南側。在這些方位上，如果不一定設有廁所、浴室、廚房等與水有關的地方，那麼努力就會白費。如果一直保持原樣的話，你會一直停留在初級課程，永遠無法更上一層樓。

為了解決這個窘境，首先要使通風良好，且使照明良好。然後把室內佈置的顏色統一起來，譬如東側用紅色，南側就用綠色。

其次，有關技藝補習班也分為體育類及文化類。現在我們要討論的是適合各類別技藝的室內佈置。

■屬於體育類的運動在家中也要加強想像訓練

如果你希望提高網球、高爾夫、游泳等運動的學習成果，那就不能在網球課及游泳池中練習。在家中也要藉著電視及錄影帶等來研究姿勢，有餘暇時還要多多翻閱指導方法的書籍及雜誌，以製造良好的學習的環境。想像訓練意外地有效，藉著室內佈置的力量，可以使此一效果更為強而有力。

讓努力有所成果的理想房屋格局，應是南面有窗戶的房屋。如果有這樣的房屋，那麼就在中央放置桌子，一回到家中就可以在此復習。

桌子的南側擺教科書，東側放置電視及錄影機。運動用具、運動服裝、毛巾等物品可收放位於北側的櫃子及衣櫥。室內佈置的顏色應明亮、華麗才好。照明也要很明亮，如此才是適合於運動的房屋。

■屬於文化類的技藝應在南側及東面有窗戶的房間學習

屬於文化類的技藝，譬如英語會話、工藝、茶道、花道等等，如果希望學習有所成果，那就要在南側及東側有窗戶的房間學習。

把桌子放在中央，如果是書桌那就放在東側。書桌上擺著檯燈，若有需要也可擺卡式錄音機。收藏教科書等物品的傢俱放置在東北側（此時，即書桌的左手側）。時鐘掛在東側的牆壁上。

在南側窗戶附近放置一對觀葉植物，東南側的牆壁上掛著與技藝有關的畫及海報作為裝飾。另外，北側若要裝飾請掛上有海或湖的畫。

高爾夫球、網球等運動

◎南側有窗戶的房屋為佳

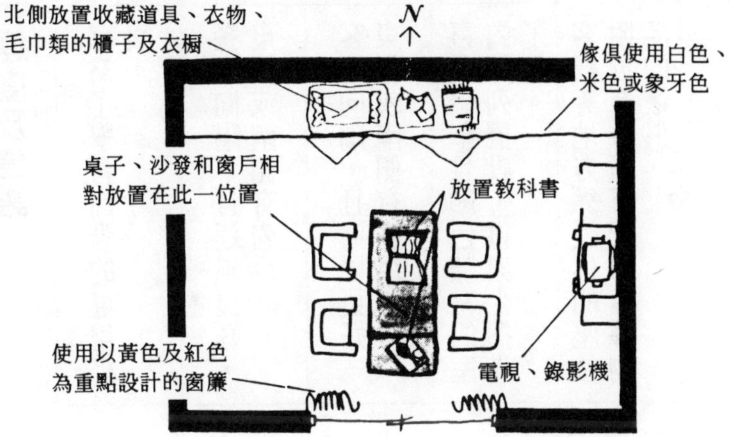

英語會語或其他文化類技藝

◎東側及南側有窗戶的房屋為佳

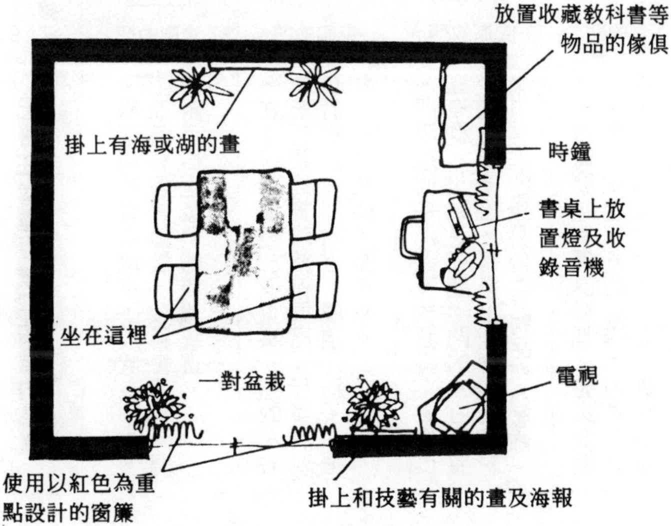

你的幸運度及建議

I	II	III	IV	V
有為了學習而設的專用書桌。	餐廳向陽，且通風良好，東側或南側有窗戶。	客廳向陽，且通風良好，東側或南側有窗戶。	喜愛豪華且顏色豐富的室內陳列擺設，書架上擺滿了書。	客廳等地方靠近你的座位附近有收藏筆記用具等物品的傢俱。

YES的數目： 4～5＝○　2～3＝△　0～1＝×

學習的房屋的門朝向哪裡？	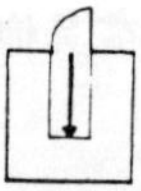 北側的門	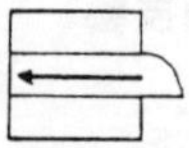 東側的門	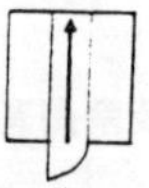 南側的門	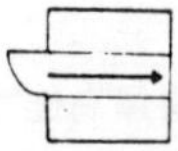 西側的門
配置在幸運區域裡的室內佈置	・學習用的書桌或桌子放置在中央。上面隨時擺著檯燈、教科書等等。門的附近掛上豪華的海報或畫。	・在幸運區域裡放置書桌。門的左右放藍色系的畫或絲織屏風。行事曆或日曆也掛在門附近。檯燈、椅子、拖鞋等也全都使用藍色系。	・門附近的幸運區域放置書桌等傢俱在東側，坐時是朝西。門的左右設置聚光燈或檯燈。書桌上鋪著米色系的桌巾。上面擺著水果等物品作為裝飾。	・複習時要在幸運區域裡。書桌放置在幸運區域裡東側的牆邊。道具及教科書也全都集中放在上面。書桌周邊要有燈光照明。

8

用寶石、貴金屬招來運氣

寶石、貴金屬是富婆的證明。以婦女來說，通常開始會戴上結婚戒指，接著便會以購買誕生石或「有利於八字」等理由，一個一個地接著買進寶石、貴金屬，每個女性至少都擁有一、二件寶石、貴金屬。嘴巴上說「我對這種東西毫無興趣的人，如果一旦買過一次之後，也會欲罷不能，想要買更多的手飾，十指中總要有五、六指戴上戒指。

尤其是丈夫或孩子無法符合她們的理想時，這樣的傾向更為強烈。

但是，因為手上好不容易擁有美麗的寶石及貴金屬，所以每個人都會讓自己像這些手飾一樣閃閃發光、亮眼奪目。

但是，有了這些寶石類的東西之後你究竟把它們收藏在哪裡呢？寶石類的東西被稱為具有室內佈置的力量，它們可以幫助你本身得到莫大的成長，同時也具有帶給你力量，成為你幸福活力來源的作用。但如果保管場所錯誤，那麼好不容易積聚的力量就會降低、喪失。

得到這樣的寶石，卻又收藏錯誤，那從這一天開始，你和初次見面的對象的關係都會變得不好。

尤其是對自己的丈夫沒有信心，也不想和某某先生的太太一樣的婦女，或是憑一己之力無畏在社會上建立地位的人，那麼建議你一定要配載寶石、貴金屬，以抓住幸福。

十二支別的提高寶石類力量的保管場所

基本上，寶石類應放置在不面對房屋的直射日光的空間，此為重點。光線太強的場所不但有傷寶石，而且會減低寶石的力量。

再者，保管的地方可以放在衣櫥裏、化妝枱上、書桌的抽屜裏都很好，但絕不可四處亂放，應將它們集中收藏於位於幸運方位的傢俱之中。

然後，你最喜愛且最重視的寶石一定要和同色的花卉一起，放置在房屋的某處。另外，還要注意電視及床鋪的位置。

現在，我們先來談談為了提高寶石類的力量，應如何根據保有者出生年份的十二支而改變保管場所。

◉子、辰、申年生的人

寶石若保管在房屋的正北側，便會帶來極大的財運。

對於想開始做生意的人，這個方位尤其有利。它可以使保有者過著安定、美滿的人生。

關於電視及床鋪的位置，請看圖A。

◉丑、巳、酉年生的人

寶石應保管在房屋的東北側及靠北側的方位，對於想購買單門獨戶的房子的人，或是想利用不動產賺錢的人，這些方位尤其有利。

請依照圖B所示來加以配置。

◉寅、午、戌年生的人

寶石應保管在東北側靠東的方位。和丑、巳、酉年生的人一樣，住宅運、不動產運也很好。

另外，繼承方面也不會有問題，在錢財、健康方面都很順利，可以過著很愉快的老年生活。

請仔細看圖C。

◉卯、未、亥年生的人

寶石應保管在房屋的西北側。男主人可以出人頭地且提高聲譽，女主人也可以過得很愉快。

請參考圖D。

二擺飾的花卉顏色應配合寶石

寶石及貴金屬的保管場所如果不在寢室的範圍之內，那麽寢室的佈置請依照如下方法去做。

首先，床鋪的枕邊小桌應放置檯燈及花卉，枕頭所靠的牆壁也要掛上花卉的圖畫。如果有電視，上面也要以花卉作為裝飾。

花的顏色，和你所喜愛的寶石的顏色要相配合。若是鑽石，則花應是白色或黃色。若是紅寶石，則用紅色。若是藍寶石，則用藍色。紫色水晶的話，就用紫色。

床罩及窗簾都可以一起使用同樣的花樣，或是一起使用素色的材質，兩者都會順利地招來好運。此時如果和花瓶的顏色相配合，使房屋顯現出統一感，那就再好不過了。

窗簾要使用蕾絲花邊及布料的雙重設計。顏色方面，若是南側，則用綠色。若是西側，則用米色或褐色系。北側的話，就用灰色系，東側的話，就用藍色系。顏色一用對了，方位之運就會十分配合。

A）子、辰、申年生的人

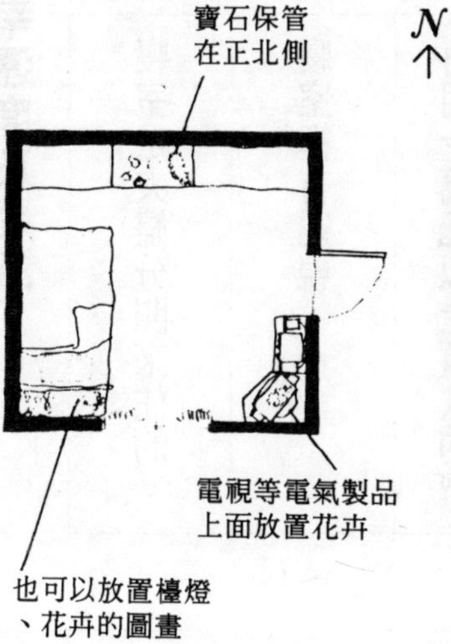

B）丑、巳、酉年生的人

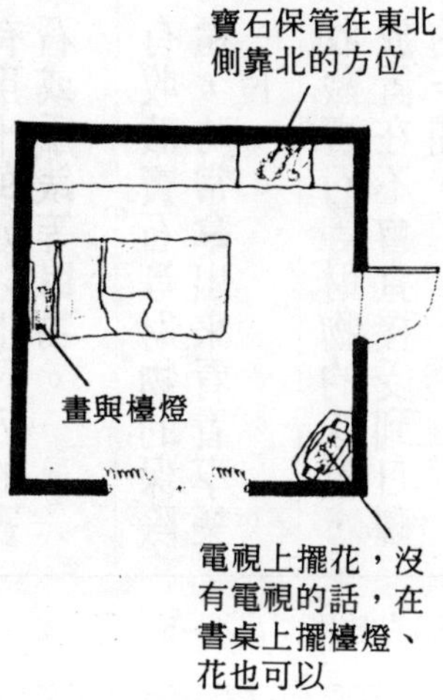

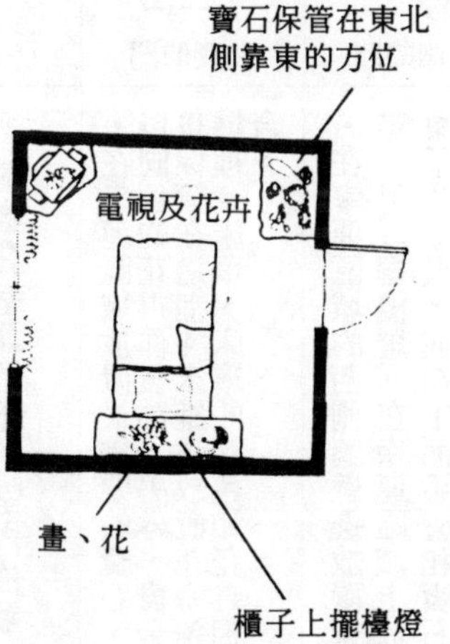

C）寅、午、戌年生的人

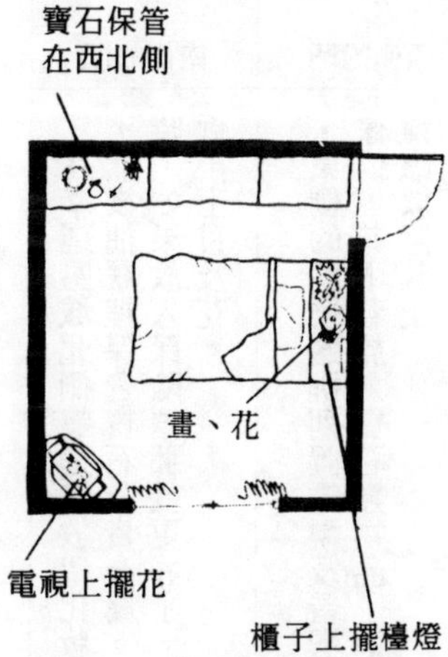

D）卯、未、亥年生的人

你的幸運度及建議

I	II	III	IV	V
寢室是夫婦分開來住的。	寢室裡有電視。	有用十萬元以上買入的寶石或手錶等財物。	有收藏寶石等財物的保險櫃，時常拿出來看看享樂一下。	收藏寶石等財物的傢俱，放置在不會直接受到日曬的空間。

YES的數目： 4～5＝○　2～3＝△　0～1＝×

放置寶石的房屋門在什麼方位？	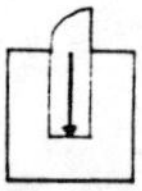 北側的門	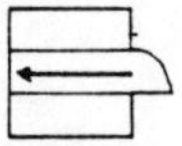 東側的門	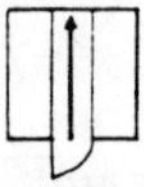 南側的門	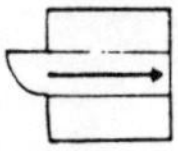 西側的門
配置在幸運區域的室內佈置	・在幸運區域放置最重要的寶石，並以同色的花卉作裝飾。另外，貴金屬也保管在這裡。床鋪也放置在幸運區域裡。床單、床罩的顏色和花卉相配合。	・在幸運區域的西側牆壁邊放置寶石箱，附近擺檯燈。在幸運區域上放置桌子及傢俱，並在上面添置和寶石同色的桌巾及菸灰缸等小物品。	・在幸運區域北側牆壁邊放置化妝檯，然後抽屜裡保管寶石及貴金屬。此時，如果放入保險櫃那就更好了。附近掛上畫及花。	・東側的牆壁邊排列置電視及音響等傢俱，其中若放入寶石類物品，則時鐘應放置其上。

各種類別的室內佈置秘密

床　鋪

◉有關地板的裝潢，有鋪地板（木板）、地毯、磁磚、大理石（或塑膠磚）等方式。地板也有和方位相配合的相性，譬如位於西曬的房屋或鬼門（東北側）的房屋，和榻榻米（和室）的相性較佳。理由是，榻榻米所具有的太陽的能量，可以和西陰的能量順利地調和的緣故。當大地之氣在室內上昇時，它也具有順利地與其調和的力量。榻榻米的鑲邊如果使用金色，色調使用紅色或黃色的話，那麼它的陽氣會變強。

◉鋪地毯時，分為全面鋪設及只在中央處鋪設兩種。兩種都因為顏色及毛的長度而有陰陽之別。暖色系的顏色便屬陽，寒色系則屬陰。毛的長度在五公厘以下的話便屬陽，五公厘以上則屬陰。

◉鋪設木板屬陽，但愈接近原木本來的顏色（沒有經過塗飾），便愈傾向陽。

◉一般而言，地板以具有陽氣者為佳。因為，大地（土）原本即具有陰氣，所以兩者可以取得平衡。

9

生男育女如願以償

世界上有許多事情並不是只憑一己之力可以左右的，恐怕要由上蒼去支配。

譬如「生男育女」一事便是其中之一，人力無法控制它。

有許多人平安地生下四肢健全的孩子固然滿心歡喜，但，是男是女有時無法符合心中的期望，這又並非做父母的人可以任意斷定的。

有不少說法認為，可以藉由飲食的方法來控制生男育女一事，但事實上，最大的問題仍在於寢室及室內佈置。

一直嚷嚷著說「希望做人成功」的人，希望你務必試一試我所介紹方法。

它的機率相當高，可以如你所願地生男育女，賜給你一個嬰兒。

男孩的氣可以用木質的床鋪及枕頭木吸引過來

首先，想要一個男孩時，重點是東北、北、東等方位。寢室必須在於家中的這些方位上，此為第一要件。寢室的陳列擺設也必須位於這些方位，才能發揮重點性的作用。

以整個房屋而言，地板以木質建材最為理想。包括牆壁、天花板在內，顏色皆以淡色為佳，但唯有窗簾可以使用有圓點花樣的製品。

房屋的北側、東北側、東側應置床鋪、音響及電視，也要掛上活潑男孩的畫或海報。床鋪靠東側而放，枕頭朝東而睡，這樣便可將男孩的氣吸引過來。

枕邊的小桌上要擺一對檯燈，用布製燈罩最好。

男主人和女主人的衣帽間的配置，請仔細地看圖。

化妝檯要放置在南側。另外，房屋的中央以結黃色果實的盆栽或黃色的花卉作為裝飾。

女孩的氣可以用有花樣的窗簾及石榴樹吸引過來

想要一個女孩時，第一和男孩相反地，將寢室配置在家中西、西南、南、東南等方位，寢室內，也要將室內陳列擺設集中在這些方位上。

房屋要鋪設木質地板，並以米色系來裝潢，呈現出柔和的氣氛最為重要。

窗簾以有花樣者為佳，但請選用和牆壁同色系的顏色。

床鋪、電視、音響放置在房屋的西、西南、南、東南等方位，並掛上可愛女孩的畫或海報。

床鋪上枕頭朝南而睡。男主人的衣櫥靠西放置，女主人的衣櫥靠東而放。另外，還要如圖一般以石榴樹及粉紅色的花加以裝飾。

兩種情形的房屋最重要的是通風良好。室內的空氣如果汚濁的話，便無法生出優秀的孩子。

想要男孩時

◉寢室位於家中北、東北、東側為佳

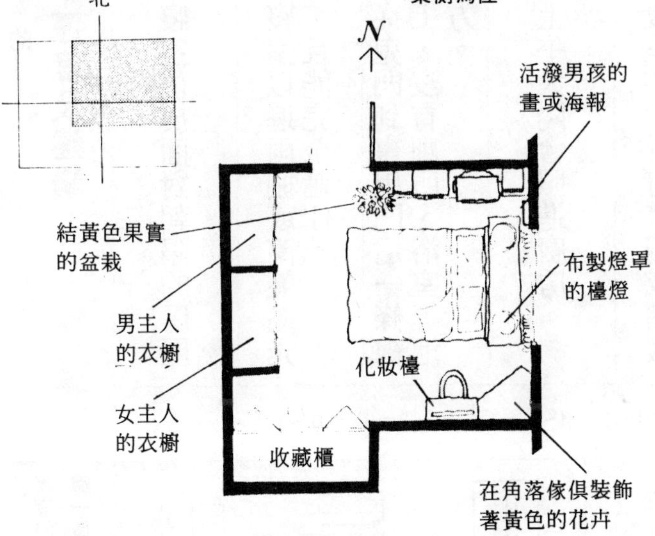

想要女孩時

◉寢室位於家中西、西南、南、東南側為佳

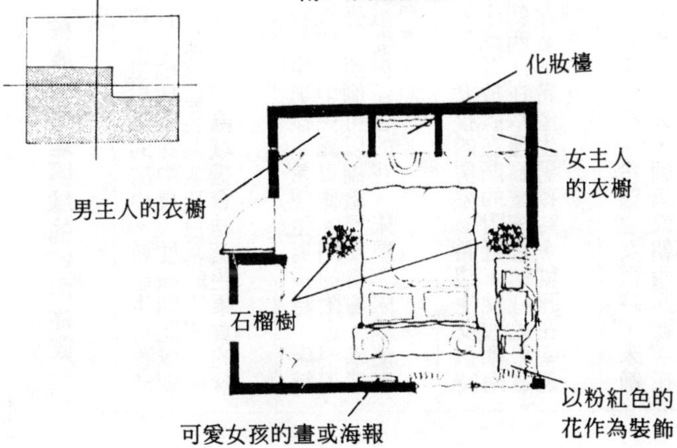

你的幸運度及建議

I	II	III	IV	V
寢室位於面對朝陽的房屋	寢室以遮雨棚或窗簾遮光，且能完全遮住。	從鬼門到裏鬼門這一條線上，沒有廁所、浴室等地方。	上午太陽會照進廚房。	寢室的附近有壁櫥或儲藏室，容易收藏雜物。

YES的數目：　4～5＝○　2～3＝△　0～1＝×

寢室的門開向哪一個方位？	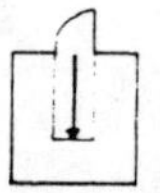 北側的門	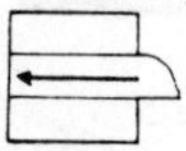 東側的門	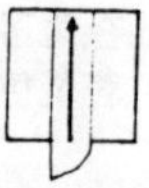 南側的門	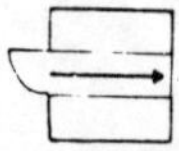 西側的門
佈置在幸運區域的室內佈置	・容易生男孩的房屋。希望生男孩時，將床鋪放置在中央，枕頭朝北或朝東。使用藍色系或灰色系的床單、床罩。在幸運區域擺會結黃色果實的盆栽。	・容易生男孩。希望生男孩時，床鋪要放置在中央靠東側。門的附近要很明亮。西側可以擺電視及音響。幸運區域要擺黃色的花。床單、床罩使用藍色系。	・容易生女孩的房屋。希望生女孩時，床鋪要放置在門的附近，枕頭朝南或朝西。在幸運區域擺會結紅色果實的盆栽。希望生男孩時，就睡在幸運區域之外。	・容易生女孩。希望生女孩時，床鋪要放置在中央，朝南或朝西而睡。在幸運區域擺石榴樹。希望生男孩時，就睡在幸運區域之外。

10

擁有自己的房子

從我們的住宅情況來看，想要擁有一棟自己的房屋簡直是遙不可及的夢想，這是多數人的想法。雖然繳了許多稅金，但政府卻一點辦法也沒有，丈夫所賺的錢永遠無法繳得完貸款，何況還有那麼多物件要買……。

儘管如此，許多人還是非常希望擁有一棟房子。這是待在家中時間最長的家庭主婦的心聲。但是，如果只是一味地說：「我想要、我想要！」那房子是不會從天而降的。

因此，首先要藉著室內佈置來吸收可以使我們得到一棟房子的重要力量。想要擁有一棟房子，當然最好是提高不動產運，抓住這種緣份。只要能在室內佈置上多加用心，招來運氣，那麼四年以內一定可以擁有一棟房子。

那麼，現在我們應知道想要擁有房子的重要方位是東、西北、東北、西南。

如果想要獲得合乎計劃的情報……

東側具有一股吸引讓我們擬訂合乎時宜計劃的情報的力量。這個方位作為孩子的房間，成為其條件。因為東側是加強孩子的力量的方位。如果是男孩的房間，就要使用淡藍色系，女孩的房間，則使用象牙色、乳白色、淡粉紅色為基調來作佈置。儘量避免黑色或灰色的傢俱，總之要使用明亮的顏色來佈置房間。

如果有朝陽照入的窗戶，那就不要用窗簾之類的東西去遮擋，儘量讓陽光照入房間。音響或電視等家電製品擺在任何地方都可以。另外，房間要隨時保持清潔。

找一間能使家人過得幸福的房子

西北側具有一股力量，可以使家人過得幸福，並帶給這樣的家庭種種好處。

條件為在此方位應設置父母的寢室、你們夫婦的寢室、老人的房間或客房。西式房間不如有壁龕的和室，後者更能招來運氣。

在室內佈置的顏色上，使用米色系，不要使用暗色調的傢俱。與其擺一些便宜的傢俱，不如根據重點豪華主義，放置一些好的物件。

有關金錢的文件、各種契約、金庫可以放置在西北側。神龕或佛壇也可以設置在此一方位，如此可以讓你獲得意想不到的幸運。

另外，在此一方位若設有男主人的書房，那就可以提高他在工作方面的成果。

■想和不動產締結良緣時……

西南側除了具有和不動產、單門獨戶住宅的良緣之外，還具有司掌健康的力量。

在此一方位上，你必須有作為家族所有成員聚集活動的房間，或看你所使用的房間，此為必要條件。

房間若有大的窗戶，則必須用窗簾遮光，若有遮雨棚，則一定要關上。

室內佈置的顏色採用黃色、象牙色或白色。凡是雅緻的顏色皆宜。

女主人一天必須進入這個房間一次。如果放置一些觀葉植物，那就更好了。

■想要和好的物件有緣時……

東北側是和建築物的緣份較深的方位，它具有一種力量，使你和好的大廈或建好出售的房子都很有緣份。

其條件為在東北側有餐廳、孩子房間、家事室、儲藏室等等。總之，此一方位隨時都要打掃乾淨。如果很骯髒，那就只會使你無法擁有自己的房子。窗戶或作為出入口的大門，不能經常開開關關，室內佈置的物品、用具顏色應統一為白色。

若和以上所說的格局相符合，則你和擁有自己房子的夢想又更進一步了。

◉能帶給你幸福生活的房屋的方位。
此一方位必須作為家中年長者的房間或客房。若有附有壁龕的和室、神龕或佛壇，那就更好了。作為男主人的書房或保管和金錢有關的物品的場所也很好。

◉和建築物很有緣份的方位。
作為餐廳、孩子的房間、預備室、儲藏室就很好。總之，此一方位一定要保持清潔，窗戶及出入口不要經常開開閉閉。

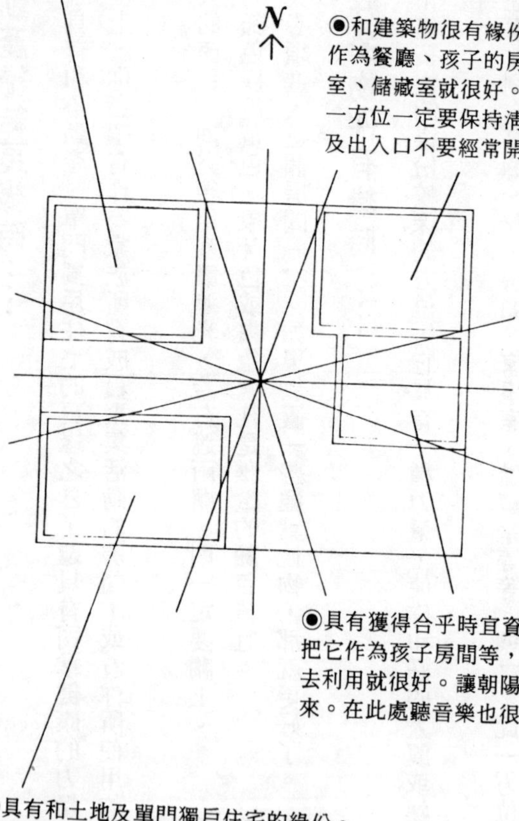

◉具有獲得合乎時宜資訊的力量。
把它作為孩子房間等，或讓年輕人去利用就很好。讓朝陽儘量地照進來。在此處聽音樂也很好。

◉具有和土地及單門獨戶住宅的緣份。
也具有使家人的健康都很好的力量。可以讓所有家人利用，或作為家庭主婦的房間，如果有大的窗戶，那就要遮光。

你的幸運度及建議

I	II	III	IV	V
已經擬訂好為了購入自己的房子所需資金及時期的計劃。	擁有土地。	看了住宅資訊雜誌，然後就從中發現自己想要的房子，並買下。	喜歡室內佈置，並經常變換配置擺設，在住宅上多下工夫。	家人之間經常以買新房子的事作為話題。

YES的數目：　4～5＝○　2～3＝△　0～1＝×

寢室的門開向哪一個方位？	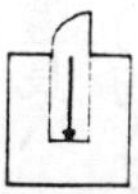 北側的門	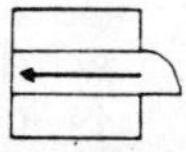 東側的門	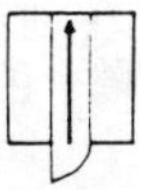 南側的門	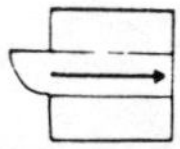 西側的門
配置在幸運區域的室內佈置	•在幸運區域上的玄關應打掃清潔，並放置小的花缽（可放在門的牆邊）。玄關的腳墊應使用花樣明亮的製品，在鞋櫃上放置木製的裝飾品。	•玄關要讓朝陽充分照進來。門若是木製的，則每天都要清潔擦拭，若是不鏽鋼製品，則要塗上一層薄薄的藍色油漆。鞋櫃上要放置花瓶，花要用白色或粉紅色。	•大門內外不要灑太多的水。要放置已經開花的盆栽。門要塗一層薄薄的綠色油漆。如果不能塗，那就在鞋櫃上鋪一塊綠色的布，上面擺置陳列品。	•進入玄關的右側設置鏡子，左側擺家人的照片，正面放置觀葉植物。不要在此取放鞋子。也不要在此飼養金魚或熱帶魚。

各種類別的室內佈置秘密

天花板

◉天花板的裝潢，有交叉、釘板子、吸音板、頂燈等不同形式。

◉交叉又有布及塑膠兩種。每一種都有暖色系、花樣、光澤、凹凸的素材，若這是陽，則寒色系、素面、無光澤、平面便為陰。

◉釘板子為陽，但塗飾愈濃者愈接近中性。塗飾愈淡者愈傾向陰。

◉吸音板方面，若為凹凸者便屬陽，若為平面者便屬陰。另外，塗飾暖色系，可以視為陽，塗飾為寒色系的話，則可視為陰。不同的顏色，各有不同的屬性，選用時應注意。

◉有頂燈時，本身即屬陰，但若太陽從頂燈的方向照射進來時，具有陽的作用。頂燈的大小若直徑為六十公分以上，且一邊長六十公分以上，則陰陽的力量就會變強。

◉在工作上，需要業務、外交、企劃能力的人，就要住在屬陽的房間，從事於會計、文字、秘書、電腦等行業的人，就需要屬陰的房間。另外，要求自己的現狀有所變化的人，需要陽的能量，希望心靈充實的人，則需要陰的能量。

第二章　爲家庭招來好運的室內裝潢

11

能和初戀情人相會

每當情人節或聖誕節一到，一些女孩們嘰嘰喳喳地購買禮物、歡渡佳節，每次旁觀到這樣的情景時，不禁令人想到：「這些年輕的女孩們真幸福。」並回顧從前：「我也曾歷經青春時代呀……。」現在我要邀請有此情懷的你，一邊聽著令人懷念的旋律，一邊回憶一下逝去的青春。

縱然身邊有丈夫、孩子在吵吵鬧鬧，那也無妨。只要在腦海中浮現被美化過的少女時代的妳，在校園的一角守候他的身影的情景即可。這樣的事情，相信妳也有過吧？

初戀的他，即使到現在他的名字仍牢牢地記住，他的身影、面貌永遠也無法忘記。這樣的妳，當然是希望重現青春！本項便要公開可以讓妳和初戀情人重相逢的室內佈置。

要再見到初戀情人；這種事情幾乎是不可

能的，但不如儘量地一直想著：「想見他、想見他……。」此乃第一要務。

二 用南方的氣同時發揮中年的魅力

為了達成「重相逢」的目的，那麼就要利用南方位的能量。南方潛藏著展現「火」、「離」、「美」的力量。

所謂的「離」，各位往往會立刻聯想到「離婚」或「離別」，但事實上，世上最常遭遇的事情便是離別，有離別才會有再一次的相會。也就是說，倘若我們能充分地利用「離」的力量，那就可以及早轉化為再相會的力量。

另外，「美」會展現出超過二十歲，尤其是中年之美。尤有甚者，南方是戀愛所不可或缺的方位。重點即在於南方位的室內佈置。

首先，南側若有窗戶，那就要掛上純白蕾絲花邊的窗簾。若為天鵝絨的窗簾，那麼就要使用淺紫色的花邊。順帶一提，窗玻璃應隨時保持光潔晶亮。當然，房屋的南側及陽台也要打掃乾淨。

陽台如果較寬敞，那就可以放置小的桌子及綠色的導演椅。如果季節還不錯，請在此度過愉快的午茶時間。

另外，如果在南側的牆壁及架子上裝飾著與初戀回憶有關的物品，那也很好。

心情的持續需依賴神明

其次，為了加強想要再次相會的願望及心情，那麽可以祈求神明庇佑，而祭祀神明的吉利方位是西北，此一方位的力量。

而且，去祭祀神明時，要求一張心想事成的神符，裝飾在房間的西北側，製作一個神龕也不錯。

當待在房間時，可以將臉朝向這張神符，然後養成坐在令人回憶從前的物品附近的習慣。若要讓夢想成真，你的座位最好在東南側。

最後的步驟是將時鐘擺在東方

縱然達成心願和初戀情人相會了，如果彼此並未靈犀相通，那就毫無意義了。為了補救這一點，就必須藉助於東南側的力量。

在此處，起居室的門若位於東南那是再好不過了，但是，無法完全做到這一點的人，就要把抽風機配置在東南側。另外，起居室若有窗戶，則和南側相同要掛上白色蕾絲花邊的窗簾。

時鐘要向東側移動。因為，東側也具有「使人年輕」的力量，所以只要將時鐘移到此處，那就可以使初戀時的「氣」充滿於房間。

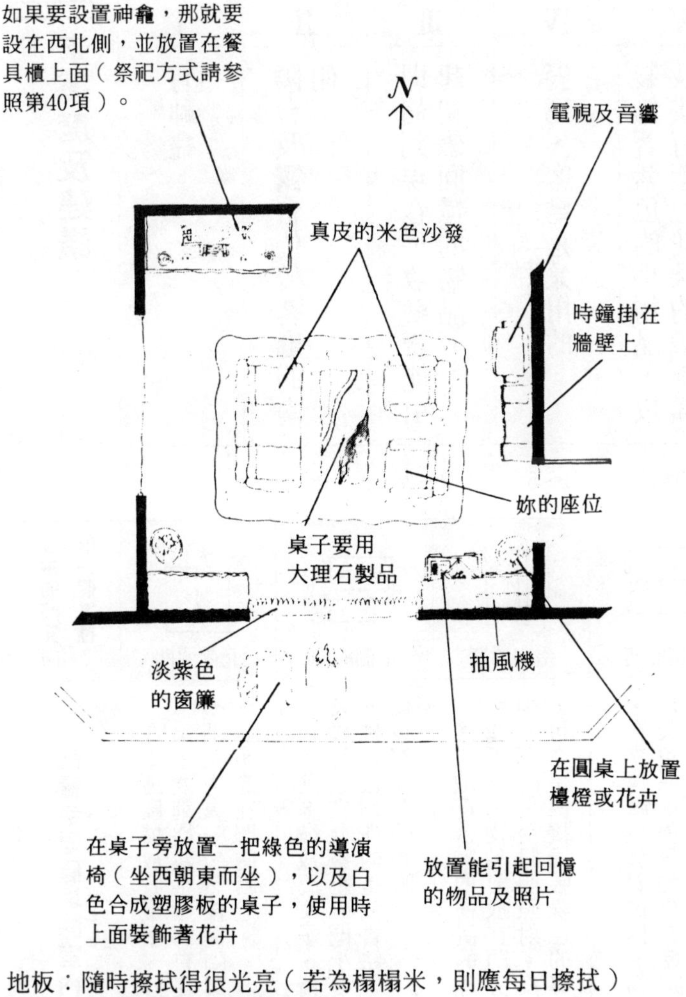
如果要設置神龕，那就要設在西北側，並放置在餐具櫃上面（祭祀方式請參照第40項）。
N
電視及音響
真皮的米色沙發
時鐘掛在牆壁上
妳的座位
桌子要用大理石製品
淡紫色的窗簾
抽風機
在圓桌上放置檯燈或花卉
在桌子旁放置一把綠色的導演椅（坐西朝東而坐），以及白色合成塑膠板的桌子，使用時上面裝飾著花卉
放置能引起回憶的物品及照片

地板：隨時擦拭得很光亮（若為榻榻米，則應每日擦拭）
牆壁：不要釘架子之類的東西
天花板：照明只在中央處設置一盞也可以

你的 幸運度及建議

I	II	III	IV	V
有神龕。	陽台及露台位於客廳的南側。	即使到現在仍收藏著能引起初戀回憶的物品。	餐廳、客廳是兼用的。	裝飾著紫色的小物品，以及畫有紫色花朵的畫（繡球花等）。

YES的數目： 4～5＝○ 2～3＝△ 0～1＝×

客廳的門開向哪一個方位？	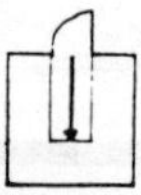 北側的門	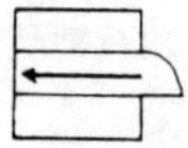 東側的門	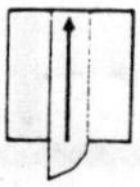 南側的門	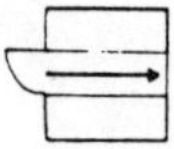 西側的門
配置幸運區域的室內佈置	・在幸運區域放置桌子、沙發、椅子，桌子要鋪妳親手做的有花邊的桌巾（鋪在中央），然後擺陶製的水果籃，照明應在門的附近。	・在幸運區域放置桌子、椅子。神龕及神符也在此祭祀。門上要掛上時鐘。妳自己創作的畫及書法，音響、電視也都放在門的附近。	・儘量地符合室內佈置的理想圖。能引起回憶的物品要放在門旁的傢俱之中。門附近用照明照射。沒有露台時，可在室內擺一張綠色的導演椅。	・在幸運區域放置傢俱，物品用具要用紫色系。儘量地坐在幸運區域裡。時鐘掛在東側的牆壁上，照明要明亮。

各種類的室內佈置秘密

牆壁

◉牆壁的裝潢素材，有壁紙、板子、灰泥、磁磚、京壁、鏡子等等。

◉以壁紙而言，暖色系或有花樣者屬陽，寒色系或素面者屬陰。釘板子者屬陽。塗灰泥或白色塗料者屬中間。磁磚也是介於陰陽之間。京壁多被使用於和室，因使用使人鎮定沈著的樸素顏色，所以屬陰。鏡子則屬陰。

◉床、天花板、牆壁是構成室內空間的重大要素，這些要素決定了房屋陰陽的平衡。但是，床、天花板、牆壁的裝潢無法簡單地改變。所以不如改變窗簾、床單、床罩、腳墊的花樣，或在牆壁上掛著壁毯，以及變化傢俱的素材和顏色、照明等等，以改變陰陽的平衡。

◉另外，使用灰泥等素材作成的土或陶瓷的牆壁，會提高財運，釘木板則可提高交際運。

客聽或餐廳等場所的裝潢及壁紙的顏色方面，若花樣極端地相差三種以上，那就無法鎮定沈著，家裡就會不平安，住在其中的家人便有無法安居的危險。對於這一點，應十分地注意。

12

使再度就業獲得成功

有些家庭主婦在結婚之後，便從長年工作的辦公室退出，專心地操持家事、養育孩子。但一旦進入家庭之後，每天只是做家事、照顧孩子，日復一日地做著同樣的工作，當然希望再踏入社會，憑一己之力多多少少對社會有所貢獻，重現光輝燦爛的職業婦女時代。

但可悲的是，妳的「職業」便是「家事」、「養兒育女」，要找其他的事情做似乎不是那麼容易。

■對於不利的因素應先心中有數

現在我要告訴想要再一次就業的妳一些方法，給予妳自信，使你在二度就業上獲得成功，而且為了不會因辦公室的人際關係而煩惱的室內裝潢法。

首先在此之前，請檢查一下你的住宅北側

、西南側、東南側的房間。在這三個方位上，如果任何一處有廁所、浴室、洗臉檯等會積水的場所，那麼你的努力將無法獲得回報。

如果這些場所位於北側，那麼你在職場上將無法受到信賴，也有產生人際關係上各種糾葛的可能性。如果位於東南側，那麼工作的緣份便不寬廣，可能永遠只能在狹小的圈子裡打滾。若是位於西南側，則工作總是有一點不順遂，凡事都會動輒得咎，令人立刻退縮、頹唐，精神上也變得不安定。

但是，如果無法改變房屋的格局，那就把會產生以上作用的情形記在腦海裡，然後設法去應付。

二　客廳的佈置應儘量配合你的工作意願

其次，請一面檢查客廳的室內佈置，一面看圖，下面依照各類效用來分別介紹。

如果希望有可以信賴的同事，那就要在北側放置餐具櫃，在其中擺玻璃杯及洋酒等就很好。

西北側的話，要擺一些與過去光榮記錄有關的物品，尤其是有獎杯、紀念品、獎狀時，更應作為裝飾，如此一來才會確實得到上司的嘉許，再者，也可以得到丈夫的協助。

在人際關係上，尤其是你不希望有口舌之災時，也就是說，為了不因謠言、惡意攻訐而煩惱，沙發要靠西側而朝東側，或者靠南側而朝西北側。沙發及椅子下面要鋪上米色系的地毯，牆壁上要掛上大幅的畫。

冷氣機及書架要放置在東南側，那就可以使你朝氣蓬勃、顯得比實際年齡年輕，在各方面有所進步。

另外，如果在東側放置電視及音響，並在牆壁上掛著畫或絲織屏風，那麼在工作上一定可以發揮良好的判斷力。

◉為了想二度就業或在兼差時順利，請注意左圖的三個方位。在三個方位上如果有廁所等削弱力量的來源，那麼你對它們所造成的傷害應記在腦海中，能予以應付就更好了

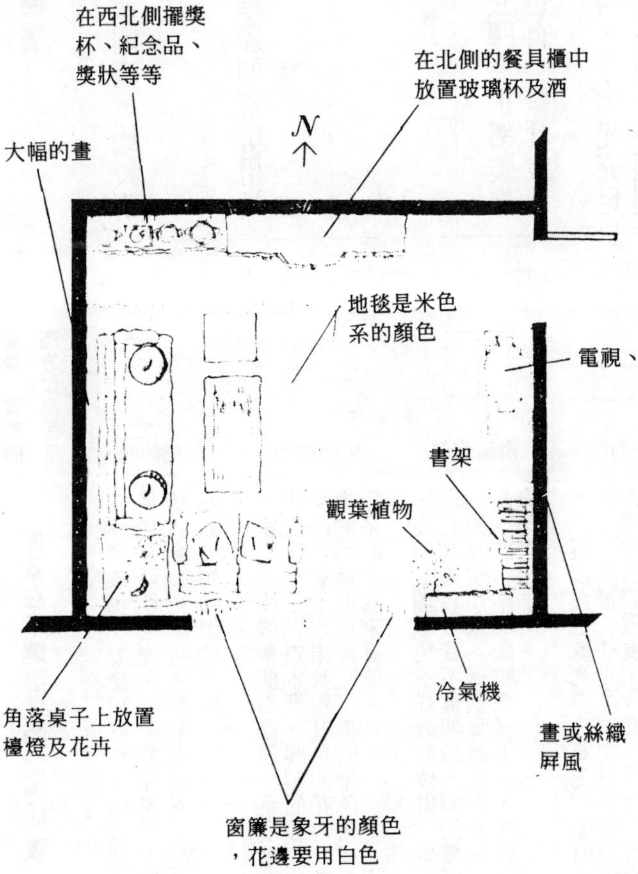

你的幸運度及建議

I	II	III	IV	V
玄關朝東或朝南，比較明亮。	廚房多用華麗的廚房用具及顏色。	有出入口。	有門，到玄關為止都裝飾著花卉，也有一些盆栽。	朋友來訪時，在陽光充足的餐廳一面看電視一面閒聊。

YES的數目：　4～5＝○　2～3＝△　0～1＝×

餐廳、客廳的門方位為何？	北側的門	東側的門	南側的門	西側的門
		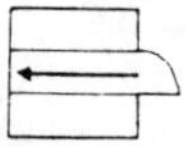	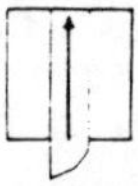	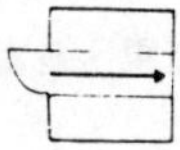
配置在幸運區域的室內佈置	・沙發或椅墊要使用紅色、粉紅色、橘色等鮮明的顏色，不要在桌子上鋪塑膠桌巾。照明由桌子上照下。電視要靠東側的牆壁而放。	・室內佈置儘量使用白色。桌子是白木製，椅子則為木框、籐製的製品。桌子上要放水果及粉紅色的花卉。地板的污穢要用鋪在中央的米色系或白色系的地毯來遮掩。	・使用質地顏色不鮮艷的傢俱，桌子以石為素材。或不鏽鋼製、閃閃發亮的製品也可以。擺觀葉植物也很好。吊一些吉祥的飾物使其下垂，任何地方都可以垂吊。	・放置以白色或乳白色為主的傢俱。桌子上要擺一些光亮的物品。靠東側的牆壁放置電視、音響、檯燈。門的附近，傢俱上要有粉紅色的花邊，門上面擺二張照片作為裝飾。

13

踏上事業家的道路

年輕女性列為希望結婚對象的職業，第一似乎為青年事業家。但是，與其現在去追求這樣的對象，還不如靠自己的力量建立事業，這才是上上之策。目前，日以繼夜地努力想要擁有自己事業的年輕女性，正與日俱增。

有些男性不以為然地表示：「女性談什麼事業呢……」但現在不把男性放在眼裡，一面專心一意地努力，一面獲得好運而在事業上有成的女性，也不在少數。而且，能得到好運的女性，大致上都是根據居家的室內佈置的力量而做，以發揮室內佈置的力量，在事業上獲得成功的女性，多半如此做。

有的家庭婦女總是會發牢騷地說：「如果我家的那口子也能稍微多一些收入，那麼……。」諸如此類的話時有所聞。希望自己的先生有高收入，並且對別的先生的高收入又妒又羨。其實，與其埋怨自己的先生沒出息，還不如在提高自己的事業運上多加用心，那不是更好嗎?當然，如果現在想做生意，建立起自己的事業，那妳就要仔細地閱讀下面的文章。

要做一個成功的女事業家，關鍵即在於玄關、書房及寢房。

在玄關的門廊上放置陶製的傘架

玄關位於東南側向陽的良好方位最為理想。

門廊應寬敞一點，然後要配置陶製的傘架，以及會開粉紅色花朵的盆栽。地板的磁磚以白色者最為幸運。

鞋櫃若放在進入玄關的左側，就必須再配置鏡子、黃色花卉及七福神的牌位。若位於玄關的右側，則必須擺上花的畫及玩偶、動物等裝飾品。玄關的腳墊以有花樣者為佳。

照明方面，在天花板上設置樹枝型的美術燈，而在牆壁則掛著壁燈。

玄關要吊一些用布縫製的娃娃，在此處飼養貓或狗是一大禁忌。拖鞋及鞋子當然也不要零零落落地散置著。

即使劃出寢室的一部份也要弄一個書房

對一個女事業家而言，書房也是必要的。沒有書房的人，可以用傢俱等物品隔間，弄出一個書房，即使是一個小小的角落也好，所以請立刻就去做吧！

然後，為了讓妳一個人在此好好地思考，使這裡成為運籌帷幄的場所，必須放置黑色或暗色調的大型書桌，椅子要使用有扶手、具厚重感的製品。書架也要使用和書桌同色、同素材的製品，中間擺著木製的相框，裝入妳的照片作為裝飾。

桌上不要亂七八糟地擺一些無用的小物品，即使是小東西，也要儘量地採用高級的東西。顏色要統一為綠色或棕色，總之以美觀為前提。

■使用以橡木或楓木為素材的傢俱可以打開事業運

想要打開事業運的人，如果沒有寬敞的寢室是不行的。

此時，最重要的項目是床鋪、沙發、桌子及化妝檯。所有傢俱的素材都要採用橡木或楓木。沙發也要有橡木或楓木的框，然後釘上布製設計的椅面即可。

顏色方面，床罩要用素面的米色製品，枕頭套及床單則用白色製品。

桌子上隨時擺著花卉。化妝檯放置在北側並朝南，其中保管著寶石及貴金屬。

如果要以畫作為裝飾，那就掛上風景畫。若是東面的牆壁，則掛春天的風景畫，若是南側的牆壁，則掛著夏天的畫，若是西側的牆壁，則掛秋天的畫，若是北側的牆壁，則掛冬天的畫。各依不同的方位掛上不同季節的畫，如此一來，好運就會向妳而來。

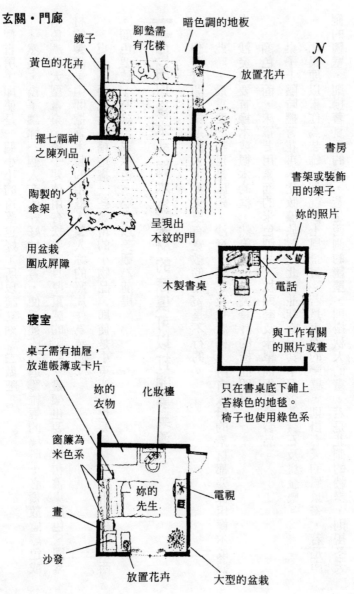

玄關・門廊

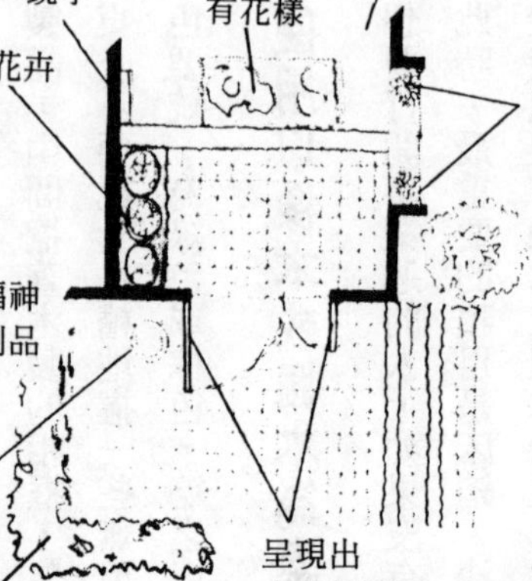
暗色調的地板
腳墊需
有花樣
鏡子
黃色的花卉
放置花卉
N
擺七福神
之陳列品
陶製的
傘架
用盆栽
圍成屏障
呈現出
木紋的門

書房

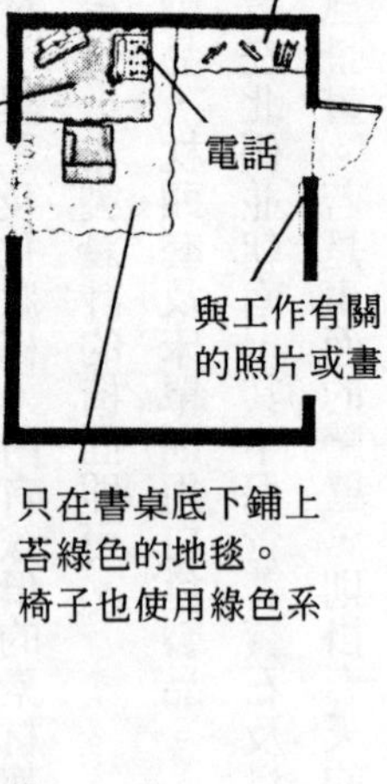
書架或裝飾
用的架子
妳的照片
木製書桌
電話
與工作有關
的照片或畫
只在書桌底下鋪上
苔綠色的地毯。
椅子也使用綠色系

寢室

桌子需有抽屜，
放進帳簿或卡片
妳的
衣物
化妝檯
窗簾為
米色系
妳的
先生
電視
畫
沙發
放置花卉
大型的盆栽

你的幸運度及建議

Ⅰ	Ⅱ	Ⅲ	Ⅳ	Ⅴ
玄關被盆栽圍起屏障，呈現出一種肅靜的氣氛。	玄關的前面（即門廊）較為寬敞，放置著傘架。	房屋的西北或西方位上，有寢室或客廳等起居室。	有自己專用的書桌或寫字檯。	寢室以外，有一間家人可自由使用的多目的房間。

YES的數目：　4〜5＝○　2〜3＝△　0〜1＝×

妳的房間（起室間）門是何方位？	北側的門	東側的門	南側的門	西側的門
	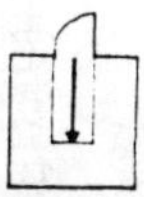	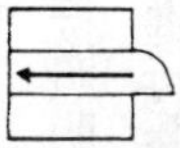	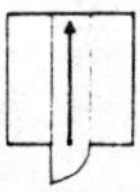	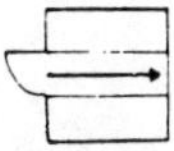
配置在幸運區域的室內佈置	・由北到西北的方位上，放置書桌或文件等與工作有關的物品。如果有書桌，那就由其上的天花板上垂吊照明器具。上面要擺白色的花（尤其是金合歡）或金桔之類的盆栽。	・在幸運區域的西側牆壁上要擺柑橘、密柑等結黃色果實的樹木、水果。或是掛上描繪這些東西的畫作為裝飾，用聚光燈照射其上。文件等與工作有關的物品，也要放在幸運區域裡。	・在幸運區域北側的牆壁上裝飾著白色的花或海報。在幸運區域裡，也可以擺書桌、你自己本身所使用的小物品及筆記用品。	・門的附近擺小型的月曆或行事曆。幸運區域東側的牆壁上，掛上畫有粉紅色、黃色及黃色的花卉或水果的畫。掛上紅色的時鐘。電視及收錄音機放置其下。

各種類別的室內裝潢秘密

照明

◉以照明器具而言，有直接安裝在天花板上的頂燈，鑲嵌進天花板內的鑲嵌燈，從天花板垂吊下來的吊燈或樹枝型美術燈，安裝在牆壁上的壁燈，以及放置型的檯燈（落地式檯燈、落地燈及桌上式檯燈等等），還有燈光集中於一點而照射的聚光燈，種類不一而足。形式上又分為直接照明及間接照明兩種。

一般來說，照明便是照射周圍使其明亮，所以它會發出陽（活動性）的能量。只使用為了製造寢室等場所的氣氛的間接照明，是不好的。因為關閉照明的一剎那，氣即由陽變化為陰，人便無法順利地進行睡眠這種屬陰的行動。

這樣的人，便往往被情緒所左右，無法過著主動掌握情勢的人生。

寢室及玄關使用間接照明時，請一定要在某處裝置一盞發出強光的鑲嵌燈，使此處成為明亮的場所。

◉廚房（餐廳）方面，請在廚房的中央及餐廳的桌子上安裝作為光源的照明器具，廁所也要安裝明亮的。

14
不讓丈夫在外面拈花惹草

「如果丈夫在外面拈花惹草……」此時能想得開，而認為丈夫的花心只是逢場作戲的女性，幾乎是沒有的。

她們多半總是疑神疑鬼地，對於丈夫一天的事情都要打破砂鍋問到底，非問個究竟不可，然後心裡又擔心得不得了，另一方面又憤忿不平。

怎樣才能抑制丈夫的花心呢？

要做到這一點，就要稍加用心地烹調可口的料理，還有家人的笑容也很重要，然後當然是寢室的室內佈置。

室內佈置在讓妳不動聲色地抓住丈夫的心方面，能發揮極大的效果，讓妳能穩佔上風。

二 注意將丈夫的方位設在西北方

首先，妳要注意在作為寢室出入口的門的方位上，劃出一個幸運區域（參照圖示），然後在其上放置床鋪，讓丈夫睡在上面。

北側應放置保險櫃，將印鑑及帳簿放入其中。再者，在牆壁上掛著夫婦倆的照片及家人的照片，大小張照片一共三～四張作為裝飾。

照片不要用圖釘釘上去，一定要放入相框之中。

在西北側放置丈夫的衣櫥或書桌。因為是屬於丈夫的方位，所以要收藏丈夫的物品，並隨時保持清潔。如果此處髒亂了，又有妳的物品混雜於其中，那麼就會使妳的丈夫覺得不舒服，而不願待在家中，如此一來，丈夫自然會向外發展。

西側若有窗戶，那就用以米色的或綠色的窗簾來確實遮光。此一方位，也可以放置信用卡及錢包，並要用檯燈及壁燈等照明器具來照明。總而言之，拈花惹草都少不了要花錢，所以一定要以燈光照射使之明亮。化妝檯、鏡子也放在此一方位上。

西南側上要放置收藏妳的物品的櫃子，以及妳所使用的寫字檯。

南側若有大的窗戶，則窗邊要放置一對觀葉植物。

東南側方面，在牆壁上裝飾著妳們兩人年輕時代的放大照片。如此一來，便可讓你們回到兩人剛認識時的甜蜜時光，重溫內心怦怦跳的感覺。

東側要放置電視、音響、電話、時鐘。因為，這樣可以讓喜歡拈花惹草的丈夫忙得沒有時間到外面去。

另外，如果希望丈夫的心從外遇的對象處收回來，那麼，就要在東北側放置為了收藏物品的櫥櫃、衣櫥或小箱子等等，也都具有效果。

如果實行了這樣的寢室室內佈置法，那麼，妳的丈夫將完全為妳一人所獨有！

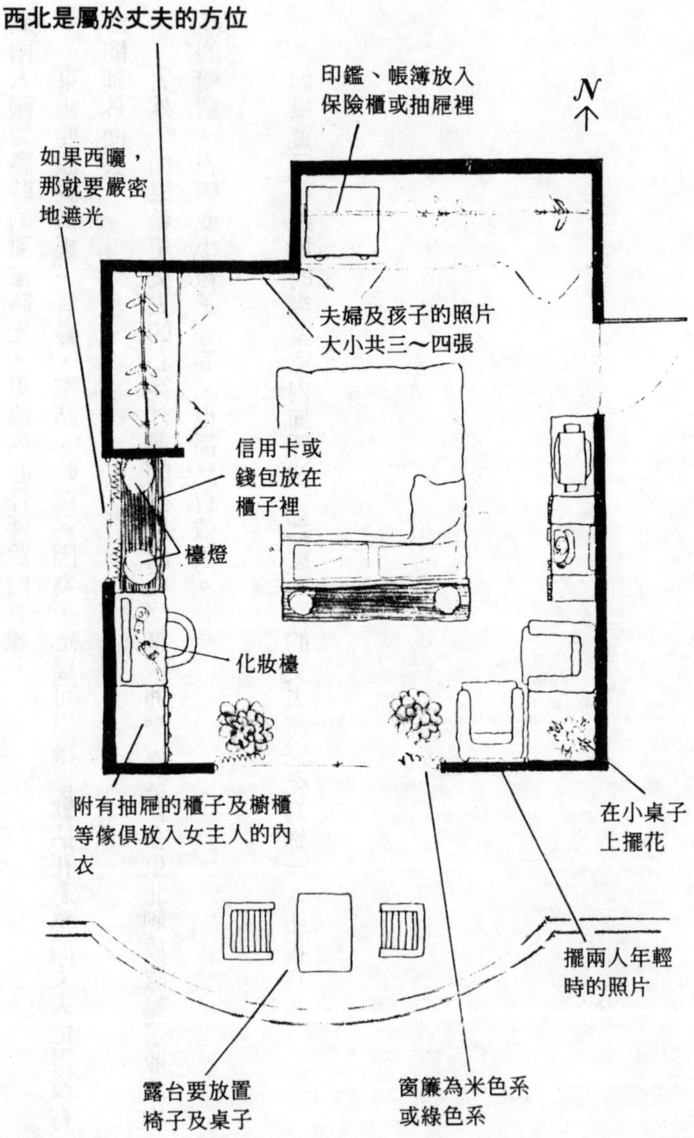

西北是屬於丈夫的方位
印鑑、帳簿放入
保險櫃或抽屜裡
N
如果西曬，
那就要嚴密
地遮光
夫婦及孩子的照片
大小共三～四張
信用卡或
錢包放在
櫃子裡
檯燈
化妝檯
附有抽屜的櫃子及櫥櫃
等傢俱放入女主人的內
衣
在小桌子
上擺花
擺兩人年輕
時的照片
露台要放置
椅子及桌子
窗簾為米色系
或綠色系

你的幸運度及建議

Ⅰ	Ⅱ	Ⅲ	Ⅳ	Ⅴ
寢室要陽光充足，通風良好。	寢室的室內佈置（包括傢俱）統一為暗色調。	浴室要能讓上午的太陽照進來，且具有清潔感。	餐廳隨時保持清潔，餐桌上不要擺烤麵包機之類的物品。	寢室、客廳、餐廳、玄關的每一處都要裝飾著照片或畫。

YES的數目：　4～5＝○　2～3＝△　0～1＝×

寢室的門方位為何？	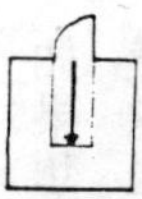 北側的門	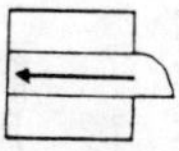 東側的門	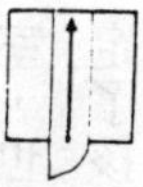 南側的門	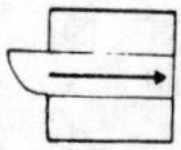 西側的門
配置在幸運區域的室內佈置	・在幸運區域放置床鋪。讓男主人睡在幸運區域裡。幸運區域裡床前擺一些男主人的衣物、小物品及書桌。床單、床罩要使用綠色系。	・讓男主人睡在幸運區域。在此也放置電視、音響、男主人的照片及小物品等等。寢室要面對陽光，在陽光普照的好日子，讓寢具乾燥。床單、床罩要以藍色系為主。	・讓男主人睡在幸運區域。在幸運區域北側的牆邊上擺著夫婦兩人的照片並放置男主人的衣物、小物品及盆栽的竹。床單、床罩以米色系或白色系為主。	・儘量地讓男主人睡在幸運區域的東側。東側的牆壁掛上風景畫，並以紅色的玫瑰花作為裝飾。北側的牆邊上放置男主人的衣物及小物品。男主人的物品不要放置在門的附近。

15

讓孩子進入有名的幼稚園、小學

如果妳想讓可愛的孩子能進入有名的幼稚園、小學，那麼現在請立刻改變孩子床鋪的位置吧！

孩子還小時，通常都會睡在妳們夫婦的寢室，也就是你的床鋪的旁邊，而這個位置即決定了孩子最近的將來。

要進入名門學校的應考戰爭，從孩子出生三個月之後便已經開始了。

孩子還小時，父母的力量便可以決定孩子的將來。

但光憑這些並不足以決定孩子的將來，妳如果想讓孩子一開始便順利地走上軌道，那畢竟還是父母的責任，要由父母善加策劃。

二 將孩子培養為名門子弟的五項要點

讓孩子平安順利地迎接他們四～六歲的時光，有五項要點。妳的家是否有如下一樣的房間？

◉附有壁龕的和室

這一點表現出能進入名校的良好家庭的條件。

◉寬敞的玄關

這一點表現出目前父母在社會上的成就及實力。

◉向陽的良好兒童室

這一點表現出孩子的將來性及健康。

◉有大桌子的寬敞餐廳

這一點表現出全家人的幸福感。

◉客廳

這一點表現出一個家庭的社交性及社會性。

家是養育子女的地方。家中的孩子是否適合於進入有名的幼稚園及小學，從孩子及照顧他們的父母便可自然地感覺到。尤其是幼稚園、小學的入學考試，學力還在其次，最重要的是，考生的家庭及財產，父母的教育方式及教養，都成為檢核的重要指標。所以，應儘量地讓孩子處在這樣的環境之下，好好地成長。

和前面所敍述的條件全都符合時，那麼寢室的室內佈置也要依如下所示加以變換，那才會出現效果了。

◉男孩的情形

孩子的桌子放置在西北側。內衣及西服放置在西南側。遊戲道具放置在東南側。

孩子的床鋪應設置在東側，而妳的床鋪也要考慮配置的位置。

南側如果有大的窗戶，那就擺一對觀葉植物。西北、西南、東南、東都是重點方位。

◉女孩的情形

孩子的桌子放置在東北側。內衣及洋裝放置在西側。孩子的床鋪放置在東南側。

對女孩而言，東北、西、東南都是重要的方位。

男孩的情形

男孩的物品放置在西北、東南、西南、東等方位

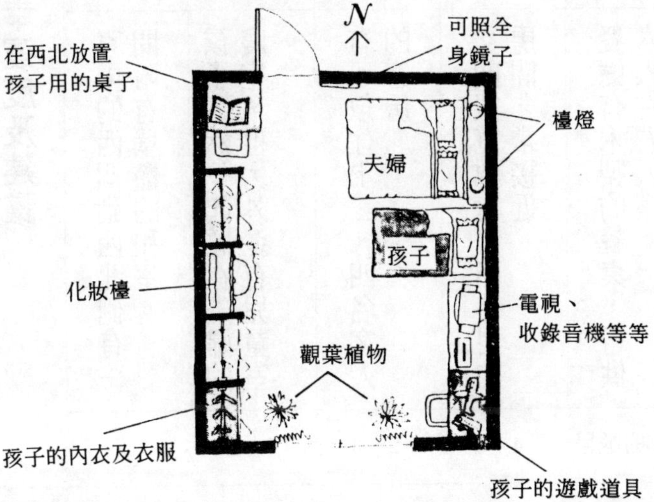

女孩的情形

女孩的物品放置在東北、東南、西等方位

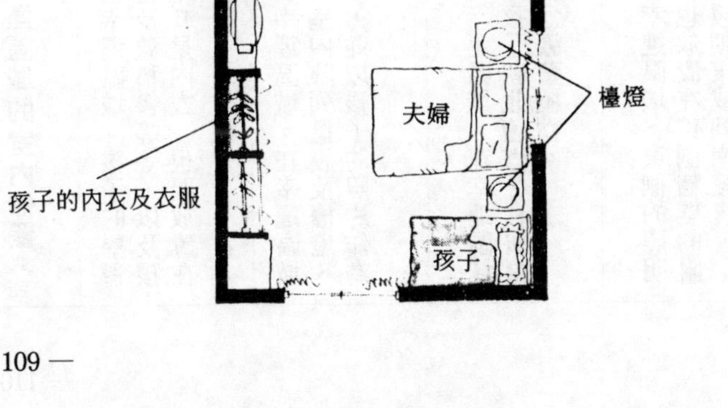

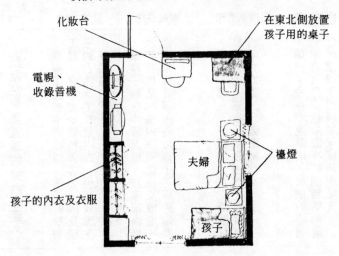

你的幸運度及建議

Ⅰ	Ⅱ	Ⅲ	Ⅳ	Ⅴ
家中的西側到西北側有一間附有壁龕的和室。	孩子雖然一起睡在夫婦的寢室，但另外還有兒童室。	有可以住上三、四名客人的客房。	玄關很寬敞，和招待用的房間非常接近。	餐廳有木製的餐桌，可供六人左右入座。

YES的數目：　4～5＝○　2～3＝△　0～1＝×

孩子寢室的門為何方位？	北側的門	東側的門	南側的門	西側的門
	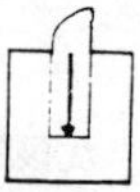	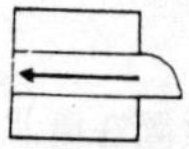	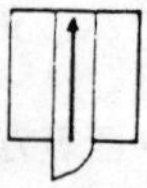	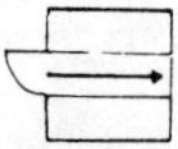
配置在幸運區域的室內佈置	・讓孩子睡在幸運區域。孩子的學習工具、參考書及教科書等等，以及孩子的衣物（尤其是內衣）也要放置在幸運區域內。	・讓孩子睡在幸運區域。在幸運區域放置藍色系的室內陳列擺設及檯燈、觀葉植物等等，並以孩子的照片作為裝飾。	・讓孩子睡在幸運區域。在幸運區域放置書桌，讓孩子朝北讀書，在書桌的兩旁放置二盆觀葉植物。	・讓孩子睡在幸運區域。東側的照明要明亮，書桌也放置在東側牆壁的附近，讓孩子可以朝東或朝南讀書。

各種類別的室內佈置秘密

窗　簾

◉窗簾的作用不僅在於遮光、防音，它還具有作為窗戶的輔助及牆壁的代替等功能。在素材方面，有聚脂等化學纖維及天然的絲或棉，再奢侈一點的，也有絹、麻等天然物品，而天然的物品在幸運的方面力量較強。

◉寢室的窗簾，請一定要使用布及蕾絲花邊的雙重設計，且掛二層。如此不僅要完全地調節光線，同時也能使寢室的室內佈置顯得更加美麗。

◉有考生的房間，應使用直條紋的窗簾，結婚意願強烈的女性，則使用有花樣的。南側的窗戶使用綠色系。西側使用褐色系。北側使用灰色系。東側使用藍色系。如此一來，便可和方位的氣相契合，由良好的相性提高室內佈置的力量。

◉蕾絲花邊的窗簾，要使用米色、乳白色、白色，要有細小的縷花花紋，如此便可清楚的看見外面的景色。

◉客廳的窗簾，應避免使用布及縷空花紋的雙重窗簾。因為它是一個家庭的中心，所以有些家庭便掛上厚重的窗簾。但如果用了太厚重的窗簾，那麼就不令人感到輕鬆的舒適感，且由外面的人看來，也不會有所好感。使用豪華的花樣，不如使用素面的製品。

16

讓孩子進入有名的中學

運氣不佳而在著名小學的入學考試上失利的人，現在請一定要參考本項，它可以使你在考試時穩操勝算、金榜題名。

如果讓孩子在幼小的生命中連續嚐到二次失敗的經驗，那麼不管再怎麼優秀的孩子，也會變得垂頭喪氣、一蹶不振。

現在除了詳細地檢視失敗的原因之外，也請在孩子的房間加強能進入有名中學的力量。

■朝北的書桌能讓孩子鎮定地用功讀書

這一點男孩與女孩皆然。

書桌靠北而放，讓孩子朝北讀書。這是為了能讓孩子靜下心來讀書的緣故。

書桌上，不要因為是小孩子就讓孩子擺滿了漫畫之類的物品，這是絕對不行的。請為孩子準備一張不會令人厭膩、木製的上好書桌。不鏽鋼製的書桌，或者前面附有書架之類東西的書桌，都不可以使用。

書桌上只要擺黑色或綠色的檯燈，不要再擺一些亂七八糟的雜物，否則，煞費苦心得來的北側的力量就會被減弱。

書桌的旁邊，為了吸引北側的氣，應放置觀葉植物。做了這些要點之後，就可以準備讓孩子坐下來讀書。

椅子不要使用顏色華麗的椅墊，顏色方面，若是男孩便用藍色，若是女孩，則用綠色。

書架要放置在西側，遊戲道具則放置在東南側。在房間的空間上，使西側成為讀書用的空間，東南側成為遊戲用的空間，要清楚地區隔開來。因為，如果孩子還很想玩時，這樣做便可很容易地改變孩子的心情，使孩子定下心來讀書。

傢俱的素材，應選擇不易損傷的製品。顏色及素材並不需要特別地予以統一。

東側及南側要有窗戶，窗簾使用暖色系的花樣，如此才能吸收幹勁之氣的力量。再者，如果孩子讀書時不夠專心，那就要使用直條紋的窗簾。不過，要避免使用斜條紋的窗簾，否則會使孩子失去穩定的心情。

床罩方面，若是女孩就用有花樣的製品即可，若是男孩，則請使用格子花樣的製品。

讀書時不需要陽光

另外，以「讀書」本身而言，它並不需要陽光。

一般人都說：「孩子的房間應該陽光充足、光線良好才好。」事實上，沐浴在陽光之下的孩子，就像上足了發條的玩具一樣動個不停，變得無法穩定下來。考量到現今的住宅情況，要擁有一棟自己的房子已經很困難了，不過，最好還是確實地區割出讀書室及遊戲室，使孩子該讀書時就讀書、該遊戲就遊戲。

無論如何，即使只是依圖示一樣地改變室內陳列擺設的配置，那麽也可讓孩子展現全然不同的實力，讓孩子風風光光地考上有名的中學。

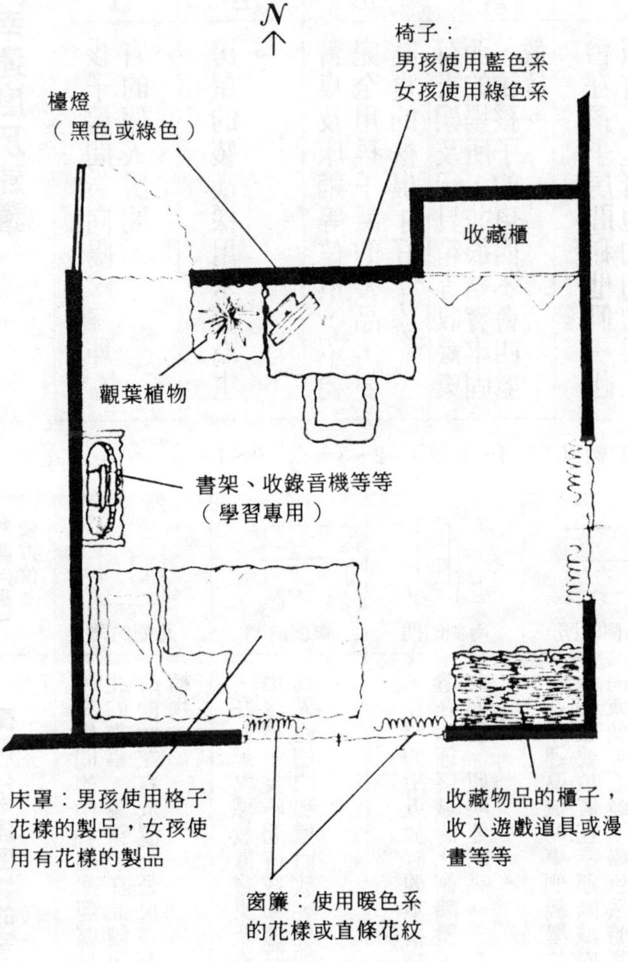

地板：使用深褐色
牆壁、天花板：釘塑膠板（明亮的暖色系）

你的幸運度及建議

Ⅰ	Ⅱ	Ⅲ	Ⅳ	Ⅴ
孩子房間為向陽、三坪左右的個人房間。	房屋的裝潢採用木板為主。	書桌及床鋪等傢俱，不要完全用孩子氣的製品，要結實的傢俱才好。	有書架及玩具箱等收藏東西的場所，並很結實牢固，讓孩子的東西不會四處散置。	曾在孩子房間和他們一起讀書，監督他們的功課。

YES的數目：　4～5＝○　2～3＝△　0～1＝×

孩子房間的門開向哪一個方位？	北側的門	東側的門	南側的門	西側的門
		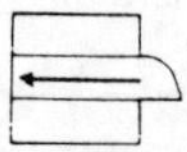	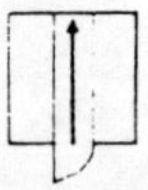	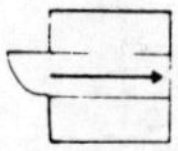
配置在幸運區域的室內佈置	・在房間的中心的幸運區域內設置朝北的書桌。讓孩子在此讀書。在書桌的前面左右放置一公尺高左右的觀葉植物。	・在幸運區域放置書桌及書架。儘量地讓孩子長時間待在幸運區域內。床鋪靠西側的牆壁而放，枕頭朝東為佳。	・在門的附近放置觀葉植物，書桌放置在幸運區域的北側牆壁，朝東或朝北而放。照明要明亮。	・在幸運區域的東側牆壁放置書桌，床鋪也要放置在幸運區域內，枕頭朝南或朝東而睡。綠色系的室內陳列擺設為佳。

17

提昇孩子的才能

孩子具有無限的可能性。

身為父母者，如果本身稍具財力，給予孩子各種的機會以拓展其發展空間及環境，而且孩子又有足夠勇氣的話，那麼，此時妳就會認為不應該就這樣地埋沒孩子的才能。

因此，妳會希望及早發掘出孩子的潛能，如果情況許可的話，就會儘量地引導孩子，開展其才能。這便是天下父母心。

但是，縱然把孩子送到補習班去，孩子也興致索然時，看了孩子這種情形，妳會認為自己和丈夫所生的孩子會青出於藍、有所作為，也不可能有「歹竹出好筍」的情形，反正自己都很平凡，孩子不可能有出衆的才能。

如果想讓孩子發揮非凡的才能，那恐怕是強人所難。

但妳愈是這樣想，心裡就愈著急，會一再

設法讓孩子接受各種才藝訓練，不放過報紙上登的才藝補習班的廣告，即使付出再高的學費，也在所不惜。

但是，縱然父母一面操心著急，一面又情願擔負這樣的勞苦，希望孩子一定要有更多的才能，而孩子卻一副毫不在乎的模樣，讓父母看了實在很懊惱。

然而，就以我的例子來說，無疑地，父親便是因為懂得應用室內佈置法，才造就了今天的我。父親在配置我的書桌、檯燈等傢俱時，便考慮到為了將來把我培養成為一個什麼樣的人，書桌應放置什麼地方……他經常一面說著這一類的事情，一面告訴我為何如此做。結果，現在我才能利用室內佈置法寫出本書，看來父親的苦心並未白費。

二與其嘮嘮叨叨，不如默默地做才有效的室內佈置

孩子的才能，由於孩子房間的方位而有著極大的變化。因此，在構思孩子房間的室內佈置時，應先設想到父母的期望，這樣一來才能發揮功效。

室內佈置的力量，遠比妳每天對著孩子嘮嘮叨叨地責備來得有效。如果妳希望孩子如妳所期望的，成為一個自由發展的人的話，那麼請立刻參考圖示，花點錢在兒童室的陳列擺設上，用心地佈置一番。

倘若妳沒有任何理由，而只是認為「孩子還小，所以不需要花太多錢」，因此而忽略室

內佈置的話，那麼以後妳將後悔莫及……。因為，妳的怠惰，會使孩子的才能在尚未萌芽之前便被摧殘了。

依照對孩子的期望而有四種類型的室內佈置

如果妳想讓孩子充分地發揮其才能，那麼，妳的房屋必須如圖所示一樣地區隔為四個部份，依照父母的期望及孩子的夢想的不同位置，去配置孩子房間的陳列擺設。

室內的陳列佈置也要像圖示一樣，另外，如果妳在各個幸運區域內放置相關的物品項目，那麼孩子的才能便可一天一天地開花結果。

◉各依所希望發展的才能的不同，而把房間設在如右圖的方位上

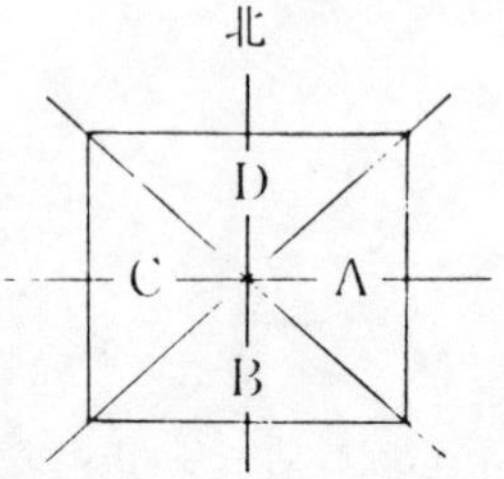

A.運動、廣播、與電腦有關的工作

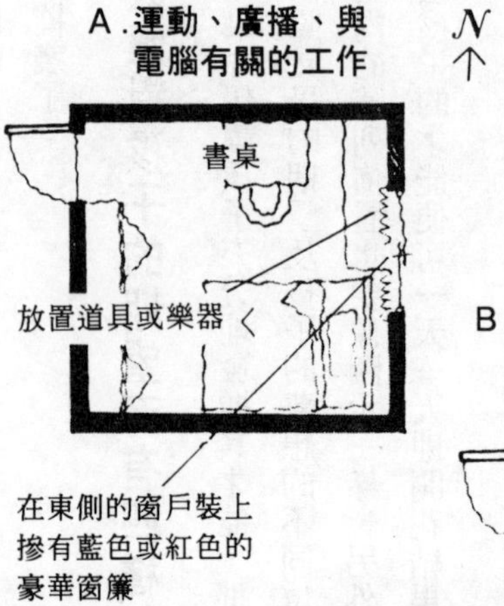

B.繪畫、演藝、音樂、教師、與法律有關、設計的工作

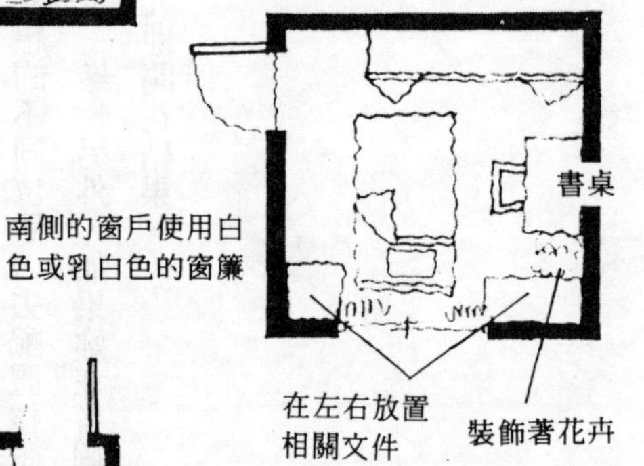

C.事業、商業交易方面的工作

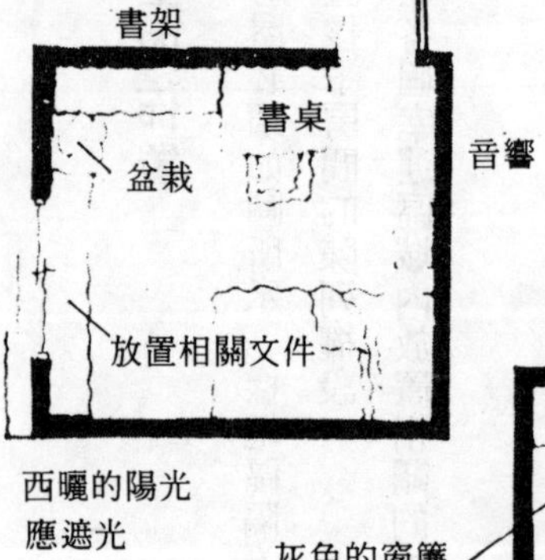

D.研究者、學者、作家、需要頭腦的工作

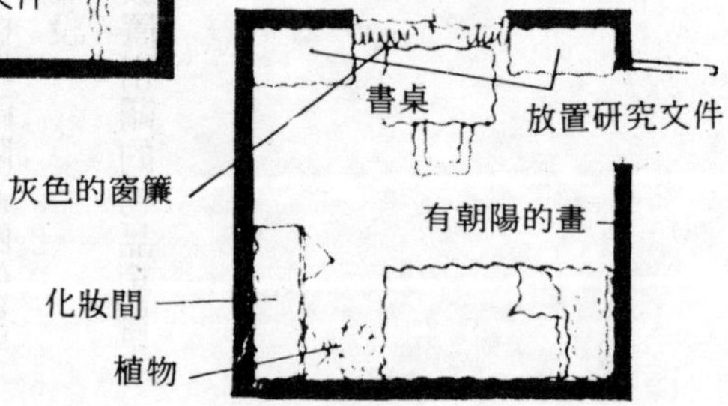

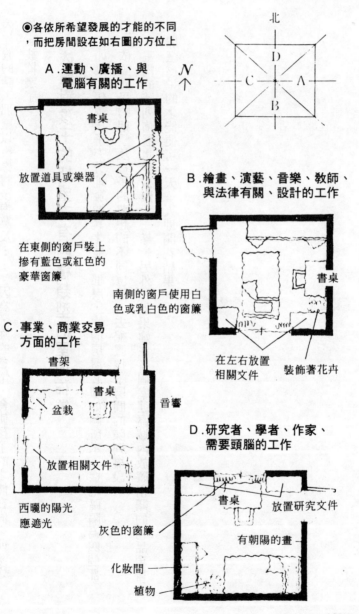

你的幸運度及建議

I	II	III	IV	V
給予孩子一人一間房間。	有起居室。	有遷居、新建、增建、改建等預定。	在玄關處有大型的木屐箱。	孩子房間通風良好。

YES的數目：　4〜5＝○　2〜3＝△　0〜1＝×

孩子的門開向那一個方位？	北側的門	東側的門	南側的門	西側的門
	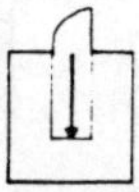	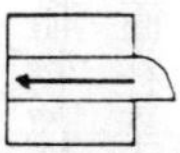		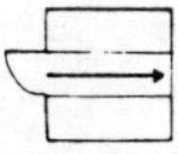
配置在幸運區域的室內佈置	・D的作用較強的房間，但若擺上妳所期望的前途的書籍及小物品就更好。書桌放置在中央，如果朝東，便起B的作用，如果朝南，便會受到C的力量的影響。	・A的作用較強。在北側的牆壁放置書桌，西側的牆壁則放置書籍及道具，在B項的中央放置床鋪，並朝南而睡。在C項的西側放置床鋪，並朝西而睡。在D項的西側牆壁放置床鋪並朝北而睡。	・B的作用較強。在幸運區域的北側放置書桌及道具。A項中，床鋪擺在中央，並朝東而睡。C項中，在中央放置書桌，床鋪靠北而放，朝西而睡。D項中，道具及床鋪放置在幸運區域的北側。	・C的作用較強。在靠東側牆壁放置床鋪及書桌、道具。A項中，在中央放置床鋪並朝東而睡。B項中，在中央放置床鋪並朝南而睡。D項中，在中央放置床鋪，並朝北而睡，道具、文件等物品放在床鋪之下。

各種類別的室內佈置秘密

觀葉植物、花卉

◉房間如果有綠意，那心情就會變得穩定多了，且也提高了方位本身所具有的能量。不過，若是綠色植物擺太多了，則會破壞房間的平衡。而放置過大的植物或乾燥的植物，也是不行的。譬如，請依照下列的標準去做：三坪大的房間，就放置高約一・三～一・五公尺的植物一株，另外也放二盆盆栽。五坪大的房間，就放置高約一・八公尺的植物一株，另外，也放三盆盆栽。

◉植物雖會散發出強烈的氣，但每一種植物都各具有如下的各種意義。如果根據自己的夢想，把願望寄託於花卉上，並放置在幸運重點之上，那就很好了。財產＝柑橘樹、枇杷樹、芍藥。長壽＝松樹、竹、梨樹。年輕＝竹、水仙。人際關係、交際＝桃樹、蘭、茉莉。美麗＝玫瑰、李樹、杉樹、山茶。安定的工作＝洋槐。順利生產、喜獲麟兒＝石榴樹。

◉在玄關的木屐箱上擺花雖可招來幸運，但是，花瓶下面一定要鋪上鏤空的墊子。

白色的花會招來財運，黃色的花會招來戀愛運，粉紅色的花會招來良好的人際關係。此時，請避免擺置氣味濃烈的花卉。

18

不洩漏重大的秘密

任何人都會保有一、二件秘密。

如果這個秘密是積攢私房錢或因衝動而大肆採購，那還不至於造成重大的後果。

但如果是外遇之類的情形，那就無法善終，恐怕要牽扯出許多麻煩。

尤其是妻子紅杏出牆，不但會惹世人閒言閒語，丈夫也許也會立刻訴請離婚。

也許這只是妳想作短暫的冒險遊戲的念頭，嚐一嚐遊戲的滋味而已，但這也許便成為影響妳一生的重大事件，所以務必小心注意。

在本項之中，將介紹包括外遇在內的不洩漏秘密的室內佈置法。

三 易洩漏秘密的格局

最容易洩漏秘密的房屋格局，是從家的中心點看出去北面有浴室、東面有玄關、南面有寢室、西面有廚房的情形。住在像這樣的房屋格局的房子，妳的秘密幾乎是守不住的。縱然不是這樣的房屋格局，但若是害怕洩漏外遇等不名譽的秘密，那麼請立刻檢查一下自己的寢室，看看是否有如下關於寢室的十二項「禁忌」。

1. 床鋪靠南面放置。枕頭朝南，夫婦兩人恩恩愛愛地共寢。
2. 寢室的北面有浴室、廁所、洗臉檯等等。
3. 西面廚房或餐廳。
4. 東西有窗戶或大門。
5. 南面有大的窗戶或露台。
6. 房間的正北面有大的電視或音響。
7. 西面有餐具架或西洋櫃。酒或玻璃杯都收納於其中。
8. 床單、床罩都統一使用顏色明亮、華麗的製品。
9. 在正南面放置化妝檯。
10. 使用間接照明，沒有落地燈等照明器具。

11. 地板有灰色系或白色系的裝潢。
12. 榻榻米的邊摻有金色。

二　用秘密的顏色來統一房間的顏色以保密

如果妳的寢室的室內佈置符合前項的檢驗六項以上，那就要多加注意了。現在立刻就將室內佈置的顏色換成秘密的顏色，並檢查浴室裡的用品。

所謂的「秘密的顏色」，是依照不同的目的而有不同的顏色。想要不洩漏金錢方面的秘密時，要用米色。

需要保男女之間的秘密時，要用茶色。需要保守過去的秘密時，要用暗綠色。另外，關於浴室方面，使用麥芽色或棕色系的用品。

但是，無論妳在室內佈置上多麼用心，妳還是無法絲毫不露破綻，所以隨時都要注意。

◉容易洩漏秘密的房屋格局是A有浴室、B有玄關、C有寢室、D有廚房的情形。寢室若有下列的情形，也要注意。本文所提及的秘密顏色，應使用於廚房、浴室、玄關、寢室等處，以作為因應之策。

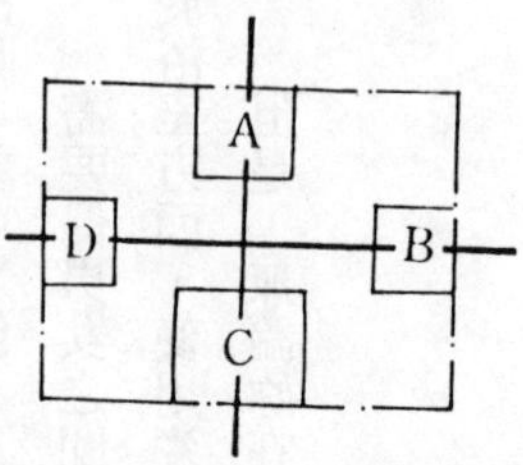

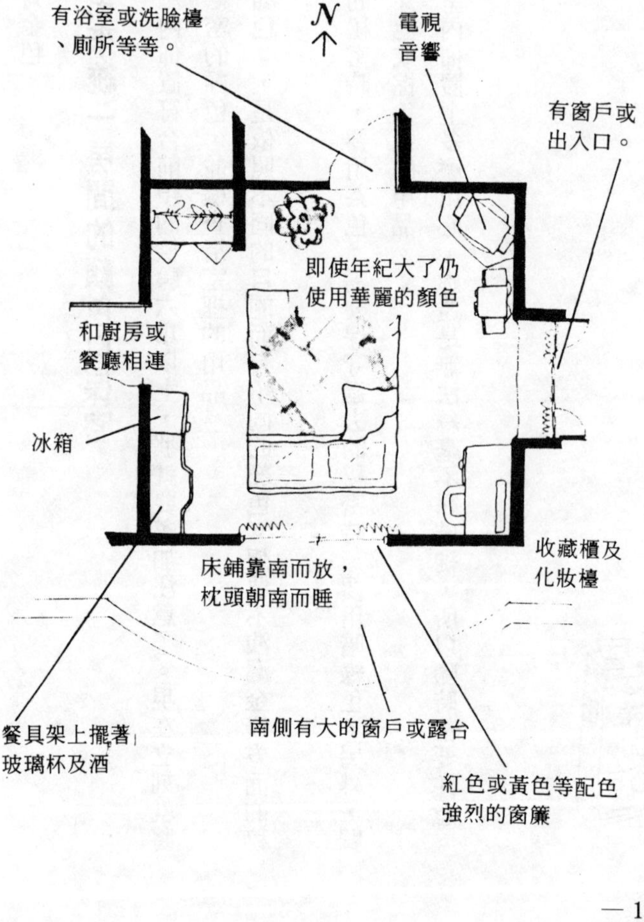

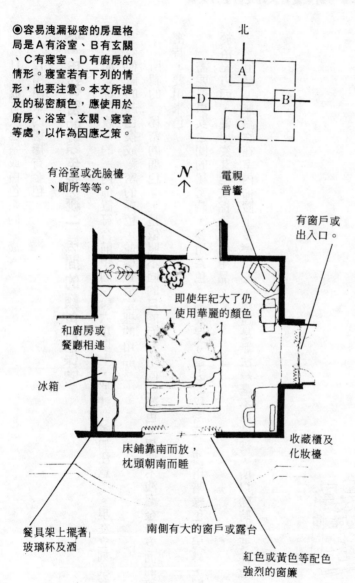

你的幸運度及建議

Ⅰ	Ⅱ	Ⅲ	Ⅳ	Ⅴ
寢室的照明使用間接照明，用檯燈或壁燈作為輔助照明。	出入口、抽風機、爐台隨時保持清潔，收拾得整整齊齊。	起居室的電視放在南側，因此會有白天關上窗簾看電視的情形。	玄關使用腳墊及氣味強烈的芳香劑。	傍晚早早便關上遮雨棚及窗簾。

YES的數目：　4～5＝○　2～3＝△　0～1＝×

浴室的門開向哪一個方位？	配置在幸運區域的室內佈置
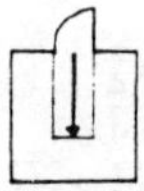 北側的門	・通風最為重要。磁磚及用品要用黑色（討厭的話，就用茶色或麥芽色）。在浴室內使用金色的照明器具。不要有強烈的氣味的物品。浴室的照明應暗一些。
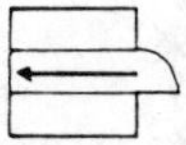 東側的門	・整體而言，明亮的室內佈置雖很好，但照明應安裝二處。浴室的用品使用藍色系或暗綠色的物品。使用有紅色花樣的磁磚也可以。
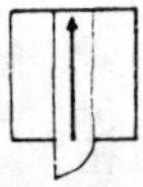 南側的門	・衣帽間的腳墊應每天替換，顏色為紅、黃、藍等顏色豐富的製品。浴室不要擺鏡子，用品也都用茶色或麥芽色。在窗戶邊放置小的盆栽也很好。通風是最重要的一點。
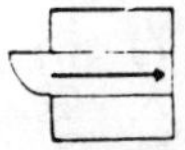 西側的門	・浴室的腳墊要用白色。在幸運區域放置粉紅色及暗綠色的用品。洗澡水不要積存在浴缸裡，每天要清洗乾淨。入浴不要在晚上，白天或早上更好。

19

消除與鄰居不和睦的煩惱

搬家的三大理由中，似乎塡入「和鄰居的相處不和睦」、「不喜歡這個城鎮」這些項目的人最多。也許有人會認為怎會這樣？

其實，住在社區的家庭主婦們應該都很瞭解，鄰居之間總是免不了有一些是非糾紛，大家如果不投緣的話，都會產生磨擦。所以，一旦每天見面卻又難以避免磨擦，那實在是很累人的一件事。

所謂「遠親不如近鄰」，但也要是相處得來，有什麼事情發生時可以拜託他們的鄰居，只有如此關係良好的情形，才稱得上好鄰居。

不過，萬一發生事故、火災等情形時，畢竟還是需要鄰居之間的守望相助，所以，與鄰居和睦相處這一點仍很重要。

那麼，本項的主題便是為了因與鄰居不和睦而煩惱的家庭主婦所設，探討如何去消除與鄰居相處不和睦的壓力。

玄關表現出妳的意志

與鄰居的相處和睦與否，是由玄關的朝向及其佈置所決定。

首先，為了不和鄰居及友人起齟齬、惹糾紛，玄關（包括門廊）要隨時保持整潔。而且，門前的道路也要打掃得乾乾淨淨。在序章中我曾提及，道路可以說是幸運的搬運路，一條重要的通路。

玄關門要儘量地讓它開著，讓陽光照進來。玄門內如果有太陽照進來，那就是吉相。

不同的玄關朝向的因應法

◉若是朝北的玄關，就要弄得既明亮又豪華氣派。照明安裝在天花板及牆壁二處，一處一盞。外燈也要隨時都照射得很明亮。

玄關不要散置著涼鞋、拖鞋之類的東西，鞋子只要擺出二雙。玄關也不要擺放腳墊，只要鋪地板或地毯即可。

牆壁要掛上海洋或湖泊的畫，以及鏡子。

◉朝東的玄關，應考慮朝陽照進來一事。

在牆壁上安裝鏡子及陶板，陶板要掛在一進入玄關最容易看到的位置。

地板絕對不要有垃圾、塵土等東西，應打掃乾淨。擺放一雙小孩穿的鞋子。

門上請一定要安裝門鈴或對講機。

◉在朝西的玄關上，要裝飾著花卉。

玄關門的把手要隨時擦拭得亮晶晶地。

玄關門的上部如果有採光用的窗戶，那麼應設法不要使夕陽從此處照進來。

鏡子一定要掛在牆壁上。

門廊上應放置陶製的傘架。

◉若是朝南的玄關，則請在門廊上也放置植物。鞋櫃上要鋪上東西，並擺上金屬性的陳列品。

朝北的玄關

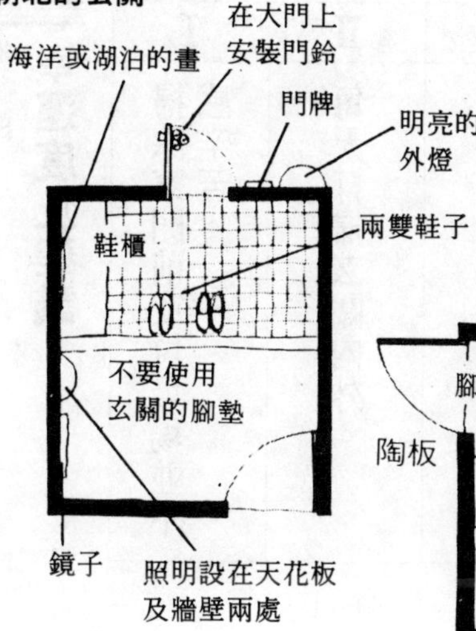

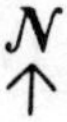

朝東的玄關

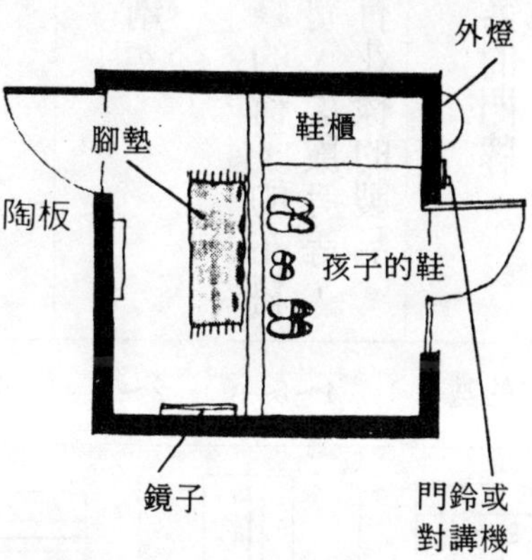

朝西的玄關

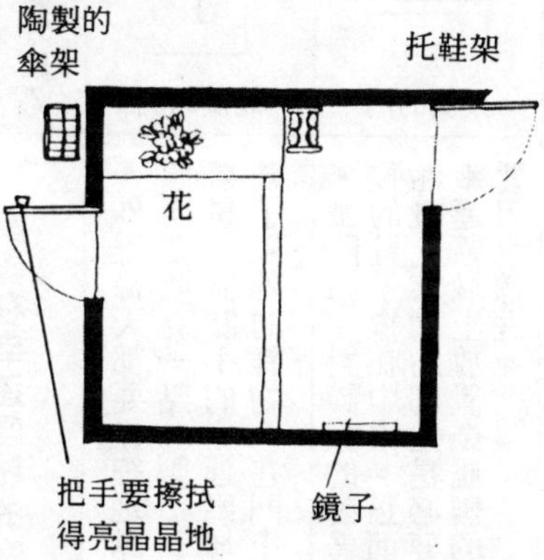

朝南的玄關

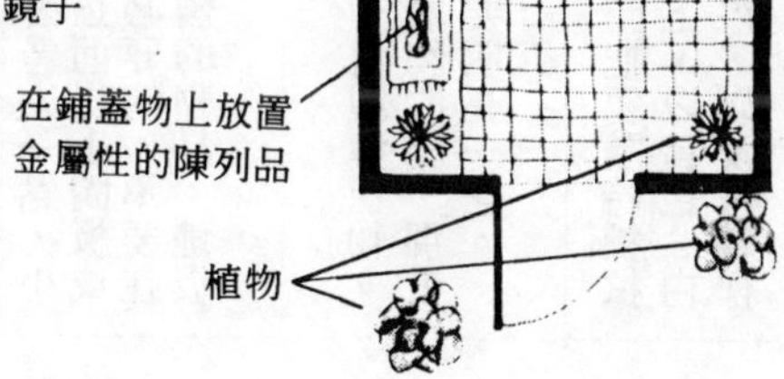

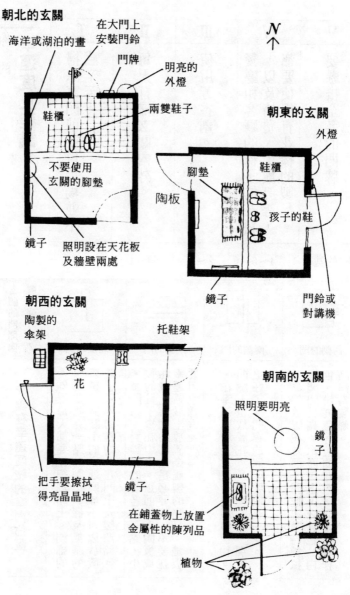

你的幸運度及建議

I	II	III	IV	V
掃除家門前或垃圾場並不感辛苦。	每天打掃玄關內外。	使用芳香劑。	餐廳和客廳的椅子的布料，以及椅墊、窗簾等等，都要使用有花樣的製品。	要懸掛全名的門牌。

YES的數目： 4～5=○ 2～3=△ 0～1=×

玄關的門開向哪一個方位？	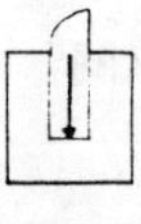 北側的門	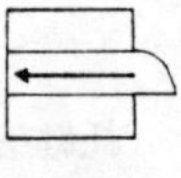 東側的門	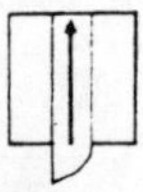 南側的門	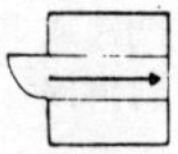 西側的門
配置在幸運區域的室內佈置	・外燈每天都要仔細地點上。門廊的照明要明亮一點，製造華麗及氣派的氣氛。玄關上的幸運區域不可以放置鞋子以外的雜物。在門上安裝門鈴。	・讓門鈴、對講機的聲音大一點，小孩的鞋子擺在中央。正面掛上陶板或油畫。玄關的腳墊是必要的。不要在幸運區域上放置金屬製的物品。地板要用水擦洗。	・在幸運區域上放置一盆觀葉植物。門廊上也放置花卉及植物的話，那就更好了。門廊的照明要明亮一些。	・傘架放置在外面。門把要隨時擦拭得閃閃發亮。木屐箱上，以黃色、白色、粉紅色等色的花卉，以及繪畫作品作為裝飾。

20

消除養兒育女的壓力

家庭主婦養兒育女的壓力，是很難消除的，因為這是身為婦女的責任。妳可以對丈夫不再抱有期望，但對於自己歷經生產之苦才生下的孩子的將來，卻不可以不聞不問，這份責任更無法脫卸。

妳當然希望養出出類拔萃的孩子，也希望他們能出人頭地、有所成就，但為了望子成龍，妳往往會操之過急，而弄得心紬力竭。

但是，如果妳經常嘮嘮叨叨地對孩子耳提面命，或經常大聲地斥責他們的話，孩子久而久之便習慣了，把父母的話當作耳邊風，右耳進、左耳出。如果為此事向丈夫抱怨、發牢騷，想和丈夫商量的話，丈夫也可能一面看著電視一面支支唔唔地應付妳。結果，每天周而復始地過著同樣的日子，家庭主婦的心情難免顯得焦慮、暴躁。

但若是孩子偶爾成績進步了，有乖巧、聽話的表現的話，妳又會覺得不枉費一片苦心，心想：「這才是我的好孩子！」這便是家庭主婦的弱點所在。

如上所述，家庭主婦的壓力實際上是開始於孩子，但也結束於孩子。

做一個以孩子為榮的母親

想要消除養兒育女的壓力時，客廳及餐廳的室內裝潢便成為重點。教導孩子讀書，以及和他們談心時的空間，是最重要的場所。

此時，關於親子坐下的地方，父母應坐在北側或西側，子女則坐在東側。

另外，從桌子的中心看出去的方位上，必須分別有如下的佈置，放置應擺設的物品。

◉在北側放置食器類或西洋櫃，將食器類或玻璃杯類放入其中。如此一來，父母便可有沈著鎮靜的心情。

◉在西北側擺獎狀或獎杯。父母的照片也一起放入相框擺起來，或是裝飾在牆壁上。這是為了保有身為父母的威嚴所作的設計。

◉西側應擺檯燈。沙發及會客用傢俱也放置在此處比較好。為了和孩子在此輕鬆地談心，增進親密感，父母可以好整以暇地用笑容教導孩子。

◉西南側應有鏡子或化妝檯。衣物及收藏物品的櫥櫃也可以放置在此處。如此便可讓孩子油然生起「我媽媽真棒！」等感覺。

◉南側應有書籍、雜誌、海洋的畫及夏天的風景物。總之，想讓孩子認為自己是個頭腦很好的母親時，那就要如此做。另外，想讓孩子感覺自己散發成熟女性的魅力，是個睿智的大人，也必須如此做。

◉在東南側放置運動用具、花卉、化妝品。如此可以很自然地表現出社交方面的才能。

◉在東側放置電視、電話、音響、時鐘。如此便可培養合乎潮流的時代感，而且也可培養和孩子的共同話題，親子之間坦誠而無所不談。

◉在東北側放置觀葉植物及孩子的道具。

當孩子因孩子的問題而煩惱時，妳千萬不要在一旁加油添醋地嘮嘮叨叨，不如以感同身受的態度和他一起面對問題。如此一來，就會有非常聽話的孩子圍繞在妳身旁，可以愉快自在地過著沒有壓力的每一天。

◉桌子以木製、素面、長方形者為佳
讓孩子坐在東側、母親坐在西側。

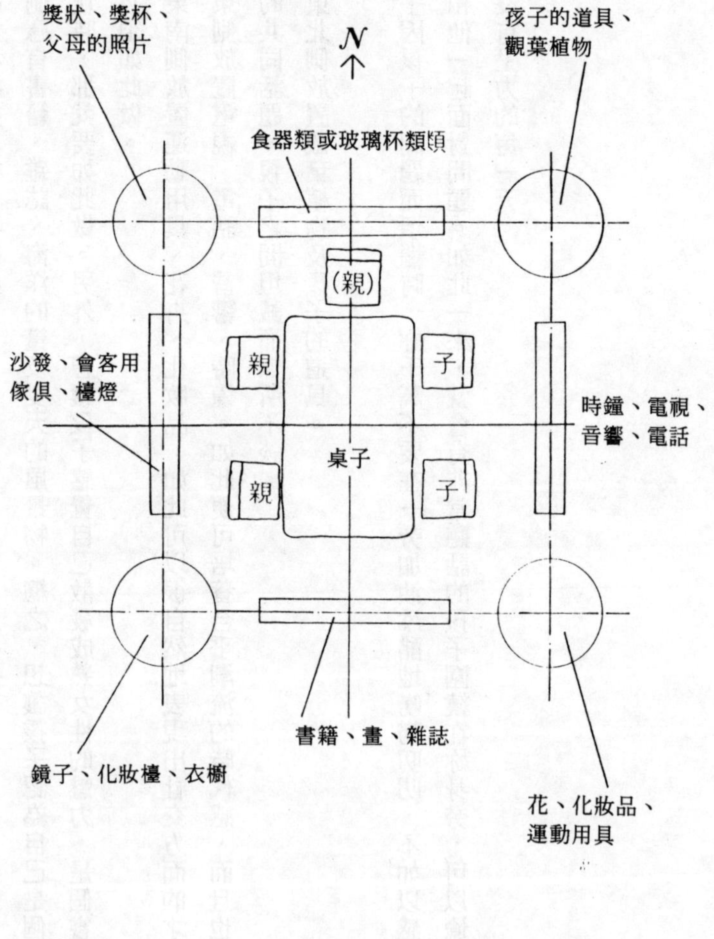

你的幸運度及建議

I	II	III	IV	V
洗濯的衣物隨時在室內晾曬。	孩子房間每天都打掃。	在餐廳的桌子上教導孩子功課，並監督他們的習題作業。	客廳或餐廳裝飾著花卉、水果等物品。	孩子及先生都睡了之後，夜深了仍打掃餐廳、起居室等地方。

YES的數目：　4～5＝○　2～3＝△　0～1＝×

餐廳門開向哪一個方位？	配置在幸運區域的室內佈置
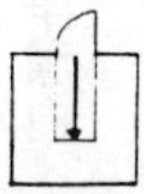 北側的門	•在幸運區域放置桌子，增多和孩子交談的機會。此時，讓孩子坐在東側，母親坐在西側，若是並排而坐，那就要作母親坐在北側的配置。桌子上裝飾著水果及白色、藍色系的花卉。
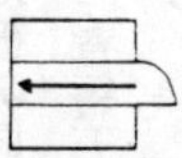 東側的門	•幸運區域上放置桌子讓孩子坐在入口或南側，母親坐在西側或北側。桌子上不要鋪桌巾，烤麵包、爐台也要遠離此處。在西側掛上孩子所畫的畫或寫的書法作品。
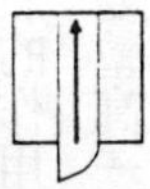 南側的門	•準備木質良好的木桌，以及坐起來舒服的椅子。在幸運區域北側的牆壁上貼上行事曆及安裝壁燈，在牆邊放置學習用具等物品。
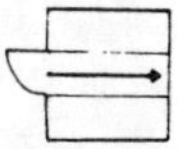 西側的門	•在幸運區域東側的牆邊放置桌子，讓母親坐在西側。桌子上擺紫色的花卉或鋪藍色的桌巾，在東側牆壁上掛上時鐘、孩子的照片及畫。

各種類別的室內佈置秘密

床鋪、床單、床罩

◉床鋪應選用堅固且設計良好的製品。床頭要使用有直線或曲線條的製品，有些床鋪是不鏽鋼製的，但因為陽氣會發揮強烈的作用，所以具有睡得很久也無法消除疲勞的傾向。寢室位於一樓時，床鋪尤其要墊高一點才好。

◉床單、床罩及窗簾，要一方使用素色的製品，一方使用有花樣的製品。如果是鑲邊或有流蘇的製品，那麼氣的力量便很難被吸收。

◉枕頭儘量地要用大一點的，枕頭套要向著每天上午的太陽。倘若以毛巾來代替枕頭套，可能就無法獲得上司及長輩的協助。

◉睡衣褲使用絲、棉、麻等質料。年長者若是避免可愛型的式樣，非要穿名牌不可的話，就會抓不住幸運。總之，穿著乾淨潔白、嶄新、現成的睡衣褲即可。每年一次買新的換穿的心情非常重要。

◉鋪被褥時，下面不要再鋪床墊。請以鋪二層以上的底被來代替。質料儘量使用純絲的製品。

第三章
使生活更加充實的室內裝潢

21

和更理想的對象再婚

最近，有過離婚經驗的人已不再被側目了，但當事者心中終究不好受。因為，結婚之初每個人都抱著極大的夢想及期待，彼此當然都希望能與最愛的人白頭偕老、共度一生。但結果卻離婚收場，這種滋味，只有身歷其境者才能真正地體會到。

離婚的打擊，是非常巨大的。當事者心中總是自怨自艾，覺得是自己哪裡不好，還是對方不好，抑或兩人個性不合。諸如此類，該怪罪的事情很多。但是，一再地自怨自艾或仇恨對方，根本無法解決問題。

導起離婚的最大原因，應該是結婚之後的新婚時期所生活的住宅的室內佈置。新房的位置及室內陳列擺設都非常重要。

所謂的位置，便是離開娘家之後兩人共同生活的住宅的方位。大致而言，會出問題的婚姻都一定是新房位在人們所說的凶方位。倘若結婚三年以內便離婚，有九十%以上都是這個原因所致。而且，經過研究房屋風水地理及方位的結果，蜜月旅行的方位如果和房屋的方位為同一個方向，那麼一年以內就會離婚，這樣的統計結果，真是令人吃驚。

我的一位朋友是航空公司的空服員，有一次他到家裡來玩時我問他：「今年結婚的新婚夫婦，去加拿大蜜月旅行回來時是不是變得很多話？」

他回答：「有很多對都是比較沈默的。」

然後我又問：「那麼去年去關島、塞班島及澳洲的夫婦之中，是不是有很多這樣的類型？」

他回答：「是啊，你說的沒錯呢！因為我們在這一行已經幹了很久了，空中小姐們也都看得出，哪個座位上的夫婦有問題，也知道哪一對夫婦會說什麼樣的話……。」

蜜月旅行一旦朝著凶方位而行時，無論是兩人關係多麼良好，感情多麼融洽，最後仍會在旅行地點發生問題。

另外，若新房對兩人而言是位於凶方位，或者新娘出身的娘家的方位是不吉的，則兩人在三年以內就會發生問題。再說得更清楚一點，問題的答案即在於寢室的室內佈置上，寢室的陳列擺設決定了婚姻的凶吉。

幾乎會導致離婚的房屋格局及室內佈置

有過離婚經驗的妳，新婚當時的寢室是一間窗戶很小、陽光無法照進來，而且室內佈置顏色大都使用粉紅色或紅色的顏色呢？或者，床鋪朝南放置、枕頭朝南而睡呢？化妝檯或衣橱之類，是否靠著東側的牆壁，枕頭邊放置檯燈，而且也一起擺著水壺之類的話，那更不吉利了。

小窗戶上若掛著窗簾且使用華麗的式樣，則兩人的關係便無法維持三年以上（圖1的例子等等）。

這樣的室內佈置會影響孩子的將來

相信大家都已瞭解了吧。如果妳有「實在受夠了結婚這檔事！」之類的想法，那妳已在不自覺之中受到室內佈置的影響而未發現。

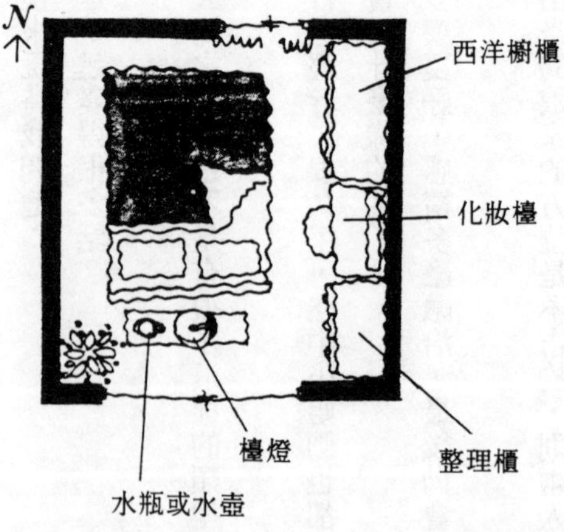

圖1

如果妳想好好地重新過日子，或是尋找第二春的話，那麼妳在室內佈置就必須善加注意了。

這些事情不僅是妳的問題而已，如果妳現在和女兒住在一起，那也是一件大事，絕對馬虎不得。因為，不吉利的室內佈置的力量也會被年輕的女兒所吸收。所以，母親若有離婚的記錄，則子女離婚的機率也會偏高。宗教家們所說的「因緣」，便是指這個現象而言吧，但事實上，真正的原因在於室內佈置。

如果妳有女兒或兒子，那就必須至少一直保持這樣的想法：再一次談個戀愛，尋找第二春。

若是要再婚，則最理想的（儘管如此，也不能說一〇〇％理想）室內佈置是如圖2所示的說明。妳可以看著後面的幸運度測驗嘗試去做，並將幸運的室內陳列擺設配置在幸運區域內。

男性們也一樣，如果沒有女性相伴共度一生，那麼日子必定無比艱辛，因此，我希望各位再度去面對人生的挑戰，迎接第二春。

◉重點在於玄關、廚房、餐廳、浴室、寢室的陳列擺設。
下圖即為其理想圖。

玄關：以位於東南側，面對朝陽的角落為佳。入門的右側放置鞋櫃最為理想。玄關走廊要區隔出來。

浴室：浴室、廁所、洗臉檯要各自分開才好。

廚房：廚房和起居室都要通風良好、陽光充足。

起居室：南側要有窗戶及露台才好。

寢室：如果有大的收藏空間，那就朝東放置化妝檯、西洋櫃等櫥櫃及床鋪。

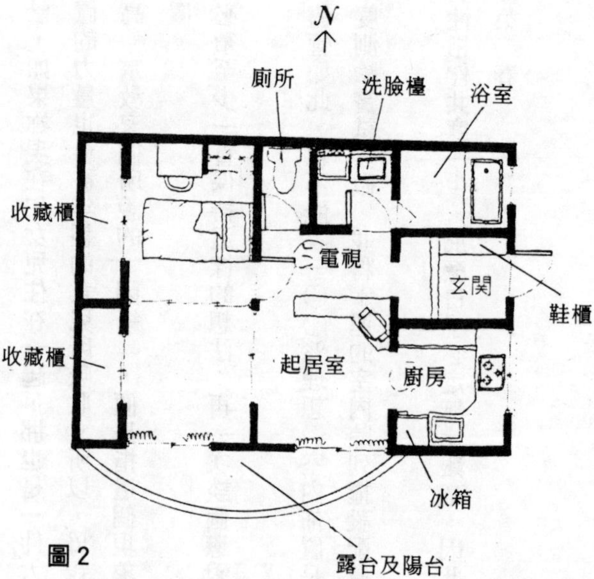

圖 2

你的幸運度及建議

I	II	III	IV	V
床鋪旁邊的桌子上放置著讀書用的檯燈及水瓶。	玄關及廁所內喜歡以花卉作為裝飾。	喜愛乾淨，一有空閒就會打掃一番。	化妝檯為結婚時購置的，現在仍在使用。	寢具每週曝曬二次以上。

YES的數目：　4～5＝○　2～3＝△　0～1＝×

餐廳的門開向哪一個方位？	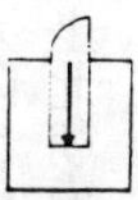 北側的門	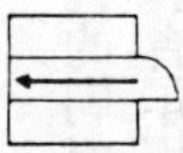 東側的門	 南側的門	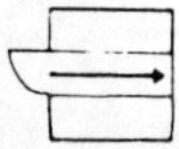 西側的門
配置在幸運區域的室內佈置	・問題出在不能信任男方的話，那就在幸運區域放置沙發及桌子（中央鋪藍色系、絹質的桌巾）。出在經濟能力的話，則要把水果籃擺在餐桌上。	・如果問題是討厭男方的愚昧、怠惰，那就要在幸運區域放置書桌或書架書桌組。如果是自己沒有精神，那就要放置電視及音響。此時，照明器具應靠東側而設置。	・如果是因為吵架而分手，那就要在幸運區域放置白色的化妝檯。原因是太講究氣派的話，則在門的附近及北側的邊邊擺一・二公尺左右的觀葉植物，地毯及鋪在地板中央的地毯以毛腳較長者為佳。	・如果分手的原因是外遇，那就要使用茶色系、厚重、木製的門，在幸運區域放置新奇有趣的桌子及椅子。東西的牆邊放置落地燈。

各種類別的室內佈置秘密

收藏用傢俱

因為收藏用傢俱在傢俱之中屬於大型的傢俱，所以給整個房屋的陰陽有著極大的影響。

◉顏色、形式不平衡時，不僅會破壞房屋的氣氛，同時也會使幸運逃逸無蹤，所以應統一風格，避免凹凹凸凸或高高低低不一的傢俱。另外，由於以黑白色調來統一傢俱的顏色時，房屋便傾向於陰，所以一旦在這個房屋待得太久時，整個人就會緊張不安而陷入沮喪的心境。

◉木紋美麗的美國製傢俱，可以招來年輕的朝氣，使人生氣蓬勃。因為，從日本看出去時美國位於東方位，而東方位正是具有年輕能量的方位。

◉收藏用傢俱要放置在房屋的北側或西側，朝向南側或東側。最好是位於早晨昇起的陽光能照進來的位置，因為，上昇的太陽也蘊含了東方位的能量。餐具架或西洋櫥櫃之類若是附有玻璃門的形式，則以坐北朝南最為理想。玻璃上嚴禁附著上指紋或灰塵等東西。

◉化妝檯或鏡子要坐西朝東，或者坐西朝東南，或者坐北朝南。一般而言，化妝品或貴金屬不要在此取進取出。鏡子應擦拭得乾乾淨淨，如此才能有效地利用方位本身所具有的能量。

22

改變為開朗的性格

一個家庭的幸運度，受到家庭主婦的幸運或不幸所左右。

家人一吃了帶有好運的家庭主婦所做的料理，就會每天都顯得生龍活虎、精神百倍。因為在三餐所吃下的食物中，不僅是料理的素材本身所具有的營養成份，同時不知不覺中也吃下了家庭主婦所具有的幸運。

反過來說，家庭主婦如果心浮氣躁、精神不安定，喜歡喋喋不休、嘮嘮叨叨的話，那麼就會使家人變得不幸。

一個家庭中丈夫的工作不順遂，孩子不想上學，為父母帶來種種困擾，也都是因為這個原因。

性格開朗的人，無論任何一個人其帶來好運的機率變高，因此，不管如何家庭主婦應隨時保持開朗的心情。千萬不要經常表現得情緒不穩定，變成帶給丈夫及孩子不安的人。不過，雖然人人都懂得這個道理，但應隨時不改變開朗的心情，畢竟不是那麼容易可以做到。

當然，在這方面也需要妳的費心及努力，在下定決心告訴自己「好，就從明天開始！」之前，應先配置讓妳時時不忘開朗的室內佈置。即使妳的心情突然變得不穩定時，妳所作的室內佈置也會默默地引導妳往好的方向走。

重點為土棕色及黃色的花

第一，向陽而陽光充足的艮好房屋，可以創造開朗的性格。因此，家庭主婦應長時間待在住宅之中日曬最多、陽光最充足的房間。

再者，人的性格是在夜間被塑造、形成的，所以，在寢室的佈置要如下去陳列擺設才好，如此才能在睡覺的期間有效率地吸收很多開朗而強力的力量。請依照如下的說明去改變寢室的陳列擺設。

重點在於佔據房屋中較寬廣部份的傢俱、物品（譬如床單或窗簾之類東西），應使用柔和的土棕色，並放置黃色的花卉。

房屋中若在向陽艮好位置有大的窗戶，那是最理想不過了。窗簾要使用純白色或素色的布料。

東北的角落應放置衣櫥，將妳的衣物收納於其中。衣櫥上面，要用壁燈或檯燈來照明，使光線明亮一些，並放置一些妳年輕時活潑可愛的照片或書籍。另外，還要以白色的花或黃色的花作為裝飾。如此一來，妳便能抓住開朗、樂觀的氣息。在化妝檯上也要有燈光，床鋪的枕邊也要擺一盞床頭燈或檯燈，使光線明亮一些。

化妝檯如果是重點佈置，那麼即使使用原色或明亮的顏色都可以。

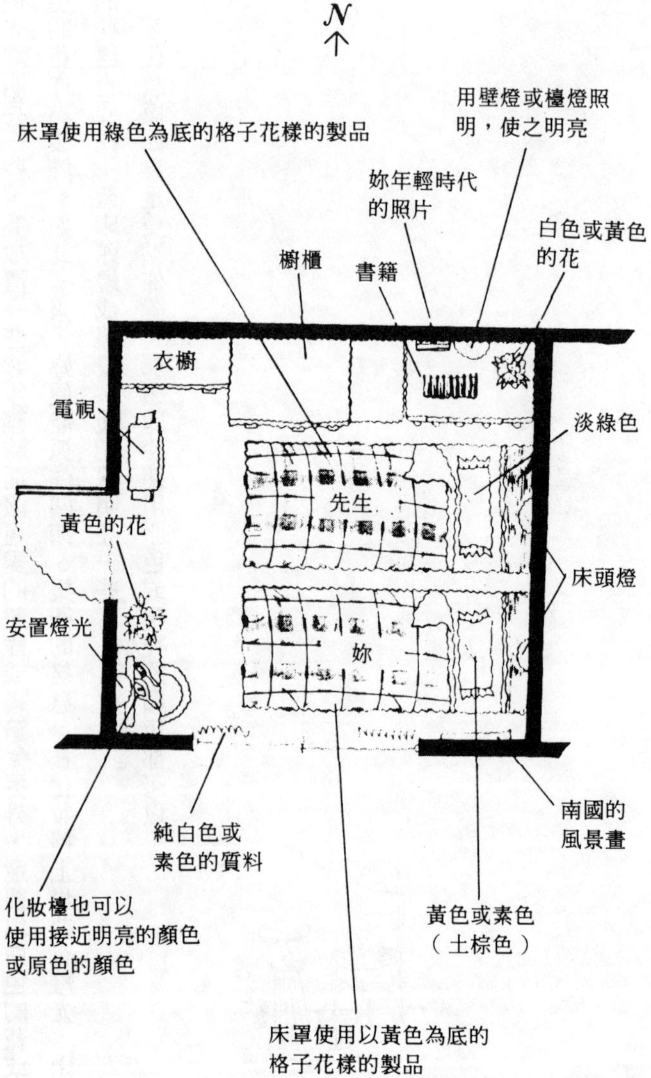
N
床罩使用綠色為底的格子花樣的製品
用壁燈或檯燈照明，使之明亮
妳年輕時代的照片
白色或黃色的花
櫥櫃
書籍
衣櫥
電視
淡綠色
先生
黃色的花
床頭燈
安置燈光
妳
南國的風景畫
純白色或素色的質料
化妝檯也可以使用接近明亮的顏色或原色的顏色
黃色或素色（土棕色）
床罩使用以黃色為底的格子花樣的製品

你的幸運度及建議

I	II	III	IV	V
寢室以向陽者為佳。	起居室或餐廳多半位於向陽的良好位置。	多用黃色的陳列擺設用品。	非常討厭黑暗的房屋，家中的燈光一直開著。	相較於螢光燈，更喜歡一點就亮的日光燈。

YES的數目：　4～5＝○　2～3＝△　0～1＝×

寢室的門開向哪一個方位？	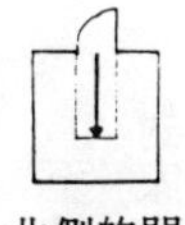 北側的門	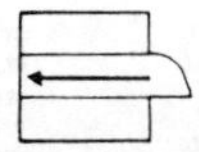 東側的門	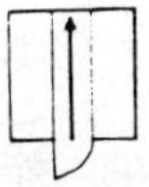 南側的門	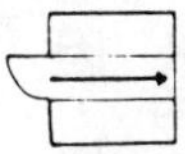 西側的門
配置在幸運區域的室內佈置	•在門的附近或幸運區域的傢俱上，裝飾著黃色的花或黃色為底的畫。用聚光燈或檯燈來照明。另外，在幸運區域上朝南而睡。	•在寢室內也隨時聽著音樂。在門附近的幸運區域上放置紅色或黃色的擺設小物品。椅墊、沙發及床單、床罩都要使用豪華的製品。在幸運區域上朝南而睡。	•在幸運區域北側的牆壁上掛著大型、明亮的風景海報作為裝飾。在幸運區域上朝東而睡。純白的傢俱、觀葉植物、照明器具等等，都要使用令人感覺舒適的物品。	•在幸運的東側牆壁上掛上你所喜歡，裝了相框的照片。兩旁放置電視、音響。床鋪要擺在幸運區域內。床單、床罩使用粉紅色或黃色的製品。使用有花卉圖案的拖鞋。

23

讓丈夫出人頭地

使丈夫一直無法出人頭地、有所出息的原因，簡單地說，在於西北側、東北側（鬼門）及西南側（裏鬼門）的房間的使用法。

以西北側而言，它具有使男性（尤其是丈夫）能完全發揮的能量。

它是獲得支持一個家庭的力量、信賴感及部屬的人望的方位。另外，它也是帶給發跡運更為強烈影響的方位。

以東北側而言，是讓人充滿無盡精力的方位，也是對出人頭地所不可或缺的財產及財運有著極大影響的方位。

至於西南側，則蘊藏著努力及忍耐的能量，對家庭運有所影響。

如果妳希望丈夫出人頭地，那麼房屋就要作如下的佈置。

■西北或東北（鬼門）的積水是凶兆

◉如果有人認為「自己的先生為何老是無法出人頭地」，當我們去請教這些太太們時，相信她們都會回答：「家中的西北側有浴室、廁所、廚房等與水有關的場所。」

如果真是如此，那麼很顯然地，會阻礙丈夫出人頭地的是與水有關的場所，經常溼答答的場所，是一種凶兆。

西北側請儘可能地配置為丈夫的房間、寢室、書房及休閒室等房間。在室內佈置上，以柔和的暖色系為基調，一定要放置觀葉植物。從房屋的中心看出去位於西北側的場所，無論壁櫥之中或者化妝室之中，都要打掃得整齊清潔。

◉如果有突發狀況、受傷或生病等情形，或是犯了可笑的錯誤，或者被上司責備吵架，或者被調職、降職等受冷落、坐冷板凳等情形，丈夫因此而苦惱不已的情形，那麼，家中的廁所、洗臉檯等與水有關的場所一定是位於鬼門。鬼門是一個司掌財運、金錢運及出人頭地所不可或缺的健康的方位。

為了儘可能地不去破壞這股氣，就要以能淨化氣的白色的室內佈置法去佈置房屋。如此一來，一定能帶給妳先生的「後盾」，在後面支援他。

另外，對出人頭地有良好作用的房間，是和室且為正方形的房間（二坪半或四坪等大小，也就是俗稱的方丈之間）、儲藏室、客房等等。

◉西南側如果沒有大的開口部或出入口的話，則在位於南側的窗戶附近放置一對觀葉植物或一對落地燈。庭院的西南側也要栽種許多盆栽。

◉玄關以位於陽光充足的東南側最為理想。

仔細地和圖比較一下，如果做不到的話，那麼請參考後面所記載的建議，即使稍稍改變室內佈置，也能帶給丈夫幫助。

◉**讓丈夫產生幹勁、大有可為的房屋格局的四項重點**

1.男主人應使用乾（西北）的方位。
2.在鬼門（東北）有「方丈之間」。
3.在東南（東南東～南東南）有出入口。
4.在裏鬼門（西南）沒有大的開口部或出入口最為理想。

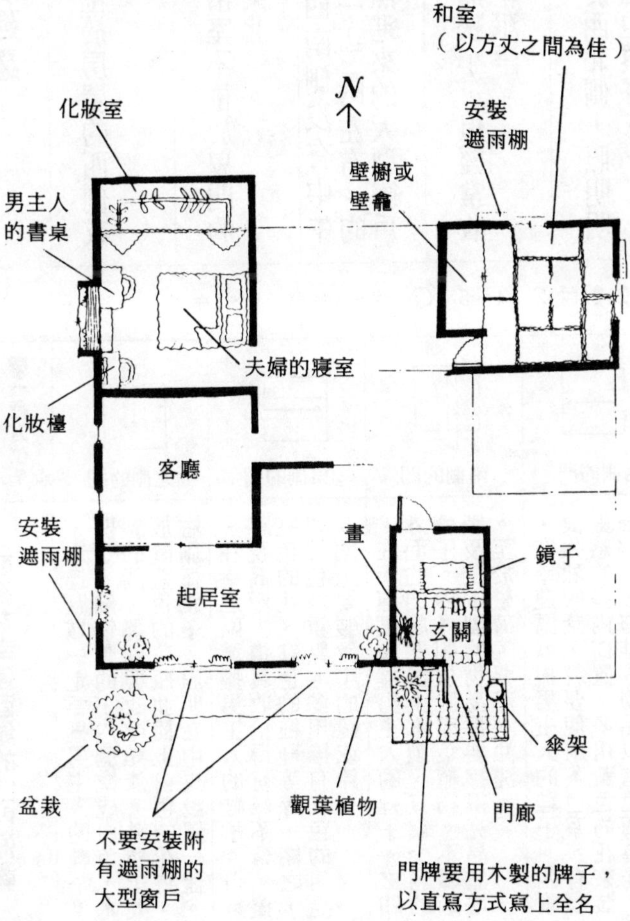

你的幸運度及建議

I	II	III	IV	V
廚房不位於房屋的西側或西北側。	廁所及浴室不位於鬼門的方位（東北）。	房屋的西南側沒有中午（午後二～三時左右）的陽光會照進來的大型窗戶。	玄關雖然狹小，但經常收拾得乾乾淨淨。	寢室位於西北側，照明明亮，通風也良好。

YES的數目： 4～5＝○　2～3＝△　0～1＝×

玄關的門開向哪一個方位？	 北側的門	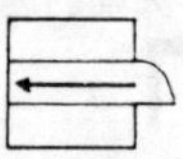 東側的門	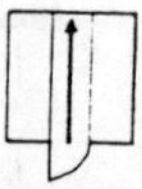 南側的門	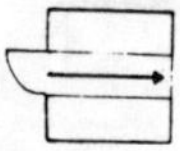 西側的門
配置在幸運區域的室內佈置	・幸運區域一定要擺男主人的鞋子。門是不鏽鋼製的，內側塗成白色，木製的門，那就要改塗洋漆。鞋櫃上要放置藍色的花瓶並插上白色的花卉。右側擺鏡子，照明在中央設置一盞。	・在幸運區域擺男主人的鞋子。自行車及高爾夫道具收拾得有條不紊。擺紅色的花、紅色的拖鞋等等，總之，以紅色為重點。多用摻有紅色的用品。門上要裝置小的鐘或鈴。	・在幸運區域擺男主人的鞋子。玄關外面的門牌要掛上木製、直寫全名的牌子。內外側放置觀葉植物。不鏽鋼製及黃銅製的物品都要擦得亮晶晶地。至於磁磚，要用水沖洗。	・在幸運區域擺男主人的鞋子。西曬很強烈的話，就要使用茶色系、有厚重感的室內佈置。多用黃色的花來裝飾房間，拖鞋等物品以暗色調為佳。水槽最好不要設置在此。

各種類別的室內佈置秘密

桌子、書桌

◉餐廳的桌子選用四角形的，四邊要附有結實的腳，並且暗色調、素面材料的製品。圓形桌子或顏色明亮的桌子，就會使人發展無望，沒有光明的前途。

◉床鋪旁邊放置小桌子時，就要注意到與床鋪及檯燈等物品的平衡。在床邊小桌上，不要擺水瓶、水壺之類的物品。

◉起居室的小茶几，以木製或合成塑膠板系的製品為佳。如果用木製茶几，就不要鋪上桌巾，合成塑膠板系的話，則重點為儘量地使用正方形的茶几。

◉玻璃的桌子，並不是很好，但如果現在仍在使用的話，那麼就不要直接在玻璃上擺置物品，而且一定要鋪上桌巾才能使用。

◉位於書房及讀書室的書桌，應放置在房間的北方位。因為北側是使人沈著鎮靜的方位，適合於學習及讀書。素材方面，以原木製者為佳，不鏽鋼製的書桌是不行的。不要認為孩子還小就在書桌上擺漫畫，避免散置著亂七八糟的雜物。

24

讓孩子進入有名的高中、大學

所謂的「最終學歷」，是一生都跟隨人的記號。

相信你們夫妻也曾一、二次因最終學歷而遭受挫折吧。妳之所以從孩子還小時就不斷地叮嚀：「要用功一點！」妳是為了孩子著想，不想讓孩子將來因學歷而吃虧。

當然，另一方面是為了不讓孩子將來選擇的前途過於狹隘，才會操心孩子的課業，但事實上，這多多少少也含有父母的虛榮心，每個做父母的人，都希望孩子光耀門楣、榮顯父母。另外，妳也希望孩子能自動自發地用功讀書，讓父母少操一些心，所以，這便是父母們一定要讓孩子們進入有名高中、一流大學的原因了。

如果大部份的家庭主婦的夢想總是託於此，那麼其他的事情就不再那樣重視，而只重視孩子的學業。在此也有能切實地實現家庭主們的願望的室內佈置法。

讀書室和起居室原本就應該分開來，但一考慮到現今的住宅情況，這是非常不可能的一件事，不過，至少要為孩子準備一間專用的房間。再者，如果有男孩及女孩，那麽到十四、五歲時就要把房間分開。此時，小男孩分配在東北、東方位，女孩則分配在東南、南方位，分別有各自的房間，如此一來，才能吸收符合性別的能量。

下面的室內佈置，便是分別依照男女性別來作介紹。

二 男孩應朝北讀書

首先，如果是男孩，那麽東側有窗戶是必要條件。

書桌放置在北側，並面向北側讀書。椅子及書桌的素材等事項，在「讓孩子進入有名的國中」一項中已討論過。書桌上也同樣只要簡單地擺一盞檯燈即可。

床鋪應靠東南側放置，枕頭朝南而睡。床鋪旁邊放置小茶几（矮櫃也可以），上面排列著收錄音機、音響、電話、檯燈等物品。

鏡子擺在書桌的旁邊，另外，請放置一盆觀葉植物。

最後，鼓勵孩子儘可能地長時間待在這個房間裡，多多用功讀書。

二 女孩應朝東讀書

至於女孩的話，則條件為房間的東側及南側有窗戶。

書桌靠東北側放置，並面向東側讀書。在東側的窗下（窗邊）放置收錄音機及電話。床鋪靠東南而放，枕頭朝東而睡。不過，東南側的角落要擺一張小桌子，在上面擺檯燈。鏡子或化妝檯放置在西側。收藏與讀書、學習有關的物品的書架放置在北側。和男孩的房間一樣，請在房間內放置觀葉植物。

如此一來，便可讓女孩成為既不失女兒本色又才貌雙全、備受讚譽的女孩了。

無論男孩或女孩的房間，書桌前的牆壁上都不要貼著讀書計劃表及座右銘之類的東西。總之，讓他們專心地讀書即可，這是非常重要的一點。

◉從整個房屋來看，有利於孩子房間的方位是：男孩在東北、東，女孩在東南、南。

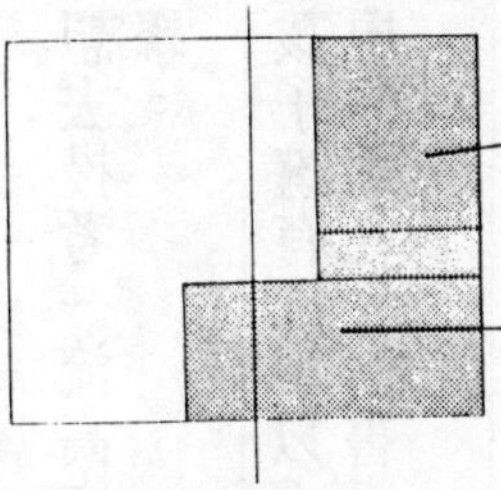

男國中生、高中生用

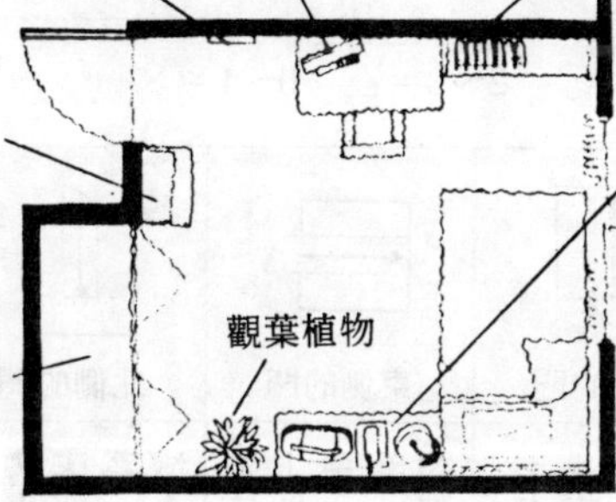

女國中生、高中生用

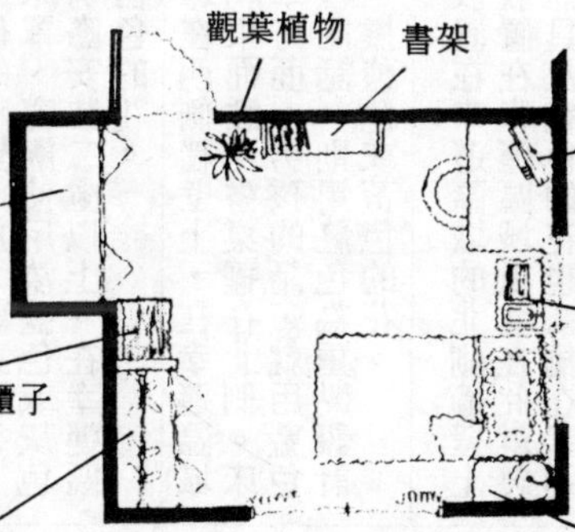

你的 幸運度及建議

I	II	III	IV	V
很想去投考一流高中或是大學。	讓孩子擁有三坪以上的個人房間，在大的書桌上讀書。	男孩在面對朝陽的房間，女孩在面對上午的陽光的房間。	照明採用檯燈或壁燈等等，天花板以外都在使用照用。	地上要鋪地板，房間的牆壁、天花板為暖色系（包括米色、乳白色等等）

YES的數目：　4～5＝○　2～3＝△　0～1＝×

孩子房間的門為何方位？	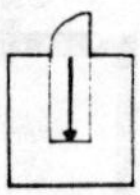 北側的門	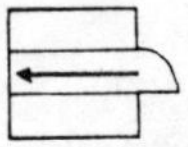 東側的門	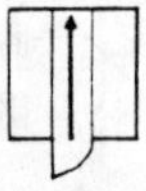 南側的門	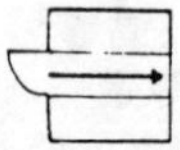 西側的門
配置在幸運區域的室內佈置	・床鋪放置在北側，枕頭朝北而睡。書桌靠東側的牆壁而放，朝東讀書。床單、床罩、窗簾使用淡藍色或灰色系、照明應安裝二處以上。在幸運區域上擺白色的花。	・床鋪靠在西側牆壁上，在幸運區域上枕頭朝東而睡。書桌擺在北側。床單、床罩方面，男孩的話，就用藍色系，女孩的話，則用紅色為重點設計的製品。擺藍色或黃色的花。	・書桌放置在幸運區域的北側牆壁上。床鋪放置在幸運區域上並在此就寢。照明器具及紅色的花也都擺在幸運區域上。	・書桌或床鋪放置在幸運區域上靠東側的牆壁，收錄音機之類也一起放置在此就更好了。床單、床罩使用米色系、茶色系。擺小的木製桌子及椅子的話，更為理想。

各種類別的室內佈置秘密

椅子、沙發

◉餐桌的椅子，要使用椅面為布面、式樣簡單的製品，避免使用金屬製的椅子、設計豪華氣派的椅子、長椅子或長板凳等等。

為了清楚地分別親子的長幼順序，孩子的椅子不要用有扶手的椅子，父母的椅子則可以有扶手。至於每個人所坐的位置，男主人及女主人坐在北側或西側，孩子們坐在南側或東側。年輕的夫婦的話，男性坐在北側或西側，女性坐在東側或南側（北或西相較於東或南是位置較高的方位）。

◉起居室裡不要使用單調的沙發，譬如在小的房間裡使用過大的皮製沙發，或是過於昂貴的沙發，或是有厚重扶手的沙發，都是沒有必要的。想讓一定人和和樂樂地相處的話，那就要布製的沙發，接待客人為主的話，則以皮製的沙發為佳。千萬不要使用磨損的沙發，或是把沙發當作床鋪來使用。

◉學習用的書桌的椅子，當然應使用與書桌相同素材的製品。避免使用顏色華麗的椅面及背面，應使用藍色、綠色、黑色。不要因為是女孩就選用紅色或粉紅色的椅子。

25

讓孩子就職於一流企業

近來的小學生，甚至可以很清楚地說：「我將來要上○○中學，△△高中之後要進入××大學，然後到□□公司就職（非常有名的一流企業）。」諸如此類的話，令人驚訝。這一定是從小就被父母灌輸這樣的觀念，在學歷至上的教育方式下成長的結果。

但是，如果父母的人際關係良好那還有希望實現此一理想，如果父母既無人事背景又無經濟實力，孩子也不是在超一流的大學就讀的話，那麼，想要到一流企業就職簡直是緣木求魚，毫無可能了。

不過，如果運氣夠好，那麼妳的孩子便可將成績更好的競爭者排除在後面，獲得令周圍人們羨慕的機會，進入有名的企業服務。一般而言，有不少孩子是屬於一進入實際社會之後便能發揮其實力的類型，而其要領及秘訣，在於孩子寢室的室內佈置。請依照如下的要點加以改變。

二如果想讓孩子在就業考試中充分發揮實力……

首先，要像序章所說的一樣，根據門的位置區隔出幸運區域，然後在此處放置書桌。如此一來，便可招來考試的好運。無論面試或是考試，都是要靠著平日所累積的實力才能獲得勝利，而非短期間的投機取巧便可博取好運。所有的領域都是一樣的道理。但是，此時若能擁有好運，考試時只出一些你已經知道的題目，那麼就沒問題可以順利地通過考試。

書桌的東南側若放置床鋪，則可培養良好的性格。床罩若使用單色調或黑色，則會讓你總是表現不佳，無法發揮實力。床罩如果使用大膽的方格子花樣，那麼便可培養敏捷的判斷力及實行力。

放置書桌的對角線的西北側，應放置能表現孩子特殊才能的相關道具或書籍。如此一來，才可培養寬廣的心胸，不一味地苛求學歷，能綜觀八方的遠見。

在北側放置書架，如此能逐漸培養孩子冷靜思考、對社會有所貢獻的感情。

另外，為了獲得人們對孩子的信賴感，以及發揮作為一個人，在書架上要鋪著半紙（日本紙），然後擺上從神社求來的神符，並供上水或鹽。如此一來，便可發揮超出實力的力量。

時鐘應掛在東側的牆壁上，在房裡裝飾著白色的花。如此便可培養良好的感覺及時代感，以及年輕人應有的幹勁、朝氣，使孩子顯得活力充沛而予人良好的印象。

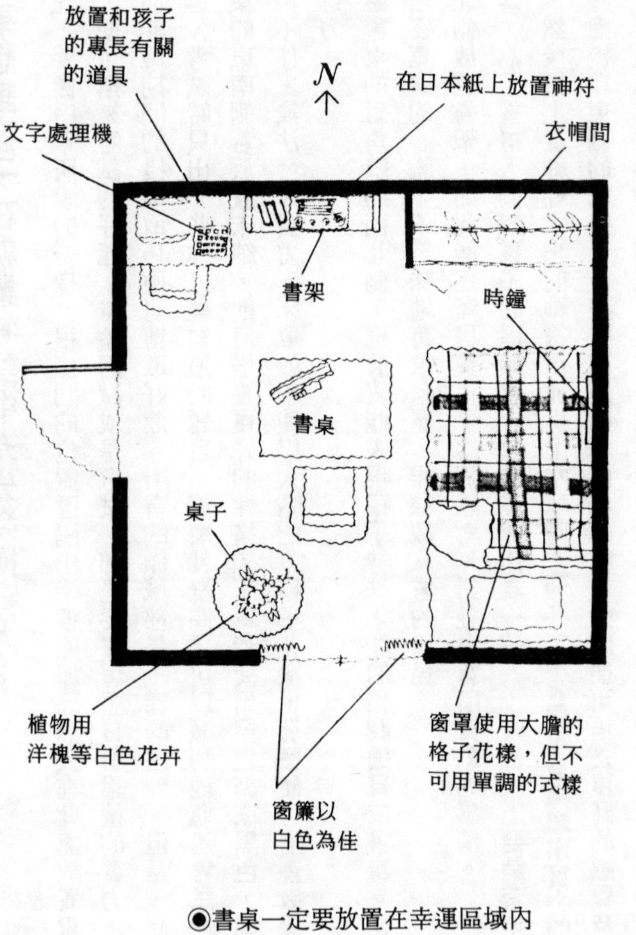

◎書桌一定要放置在幸運區域內

你的幸運度及建議

I	II	III	IV	V
有通風良好、供孩子用的個人房間。	兒子或女兒具有讀書以外的特殊才能。	有露台，裝飾著盆栽及花卉等等。	有四坪以上的兒童室。	起居室或餐廳經常裝飾著白色的花。

YES的數目：　4～5＝○　2～3＝△　0～1＝×

孩子房間的門為何方位？	佈置在幸運區域的室內佈置
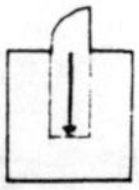 北側的門	・幸運區域和房屋的東南及西北連結線的交叉點（空間）上放置書桌。並在此擺檯燈及裝飾著花卉。另外，在幸運區域裡設置化妝室。
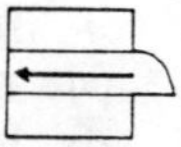 東側的門	・書桌和北側的門的房屋一樣地配置。在幸運區域西側的窗邊裝飾著自己的照片及歐洲的風景畫。在西側的窗戶安裝茶色的窗簾。
 南側的門	・幸運區域和房屋的東南及西北連結線的交叉點放置書桌或床鋪。頭要朝向北側或東側。幸運區域北側的牆邊要放置神符，門的兩旁則擺植物。
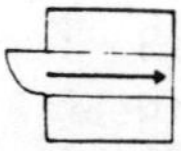 西側的門	・交叉點上放置朝北或朝東的書桌，上面隨時擺著白色的菸灰缸、白色的花或白色的筆記。床鋪靠幸運區域東側的牆壁而放，枕頭朝南而睡。床單、床罩使用灰色或綠色系。

26

不被調職所波及

「好不容易才讓孩子進入有名的學校卻……」「如果讓丈夫單身赴任，那麼他恐怕會拈花惹草吧……。」「我很膽小，到了不熟悉的地方不知會如何？」諸如此類的理由，都讓家庭主婦整天提心吊膽，擔憂不已。的確，丈夫的調職是一件極傷腦筋又麻煩的事。如果可能，當然儘量避免，但調職不也正是丈夫得以陞遷的契機嗎？既然這是無法避免的事，那麼，何不將此作為丈夫再往上爬的跳板呢？

■以變化的方位（東北）去看吉凶

調職的吉凶，是受到妳家西北、東北、西南等方位所影響。

◉西北是一個使人不受上司或長輩青睞、眷顧的方位。調職當然都是決定於上司。但如果在這些方位設有廁所、浴室、洗臉檯，那麼就不可能受到好上司的青睞、眷顧了。即使調職，也不會有什麼好差事。說得明白一點，降職一詞應該比較容易了解吧。

◉東北是一個變化的方位，也是屬於調職的方位。在此一方位上若有與水有關的場所，則很可能被調職至凶方位，或者無法調到好的職位工作，一直待在老位子上。

◉西南是一個表示家人吉凶的方位。全家人一起遷居當然不用說，即使是男主人單身赴任也一樣，反正調職都給家人極大的影響。西南方位若是溼答答或缺水，則調職就不會給予家庭良好的影響，甚至使一家人失去向心力。

因此，為了不讓一家人因房屋的格局而受到調職的波及，男女主人的寢室必須依照圖示去佈置。床鋪靠西北側放置，枕頭朝西而睡，枕頭上的牆壁以畫作為裝飾。

請在東北側設置化妝室，顏色為白色或黑色。

在西南側放置化妝檯，顏色為白色或灰色、黃色。

另外，對於妳的丈夫在公司的行為舉止，妳應隨時耳提面命，提醒他注意如下幾點：

如果妳的丈夫是屬於幹勁十足、有強烈企圖心的類型，那麼妳應勸導他不要過於鋒芒畢露。如果是散漫型的丈夫，因為自認為沒有幹勁，所以經常馬馬虎虎、草草了事，妳應提醒他儘量地不要因散漫而犯下錯誤。

總之，為了不被調職，其基本要點為「不強出頭」、「不犯錯誤」。

◉調職的吉凶，決定於房屋的A（西北）、B（東北）、C（西南）等方位的格局，如果產生良好的作用，那麼就會：

A.愛到上司的提拔。

B.調職出現吉兆。

C.獲得家人的協助。

如果這些方位上有問題，那麼就在此三方位上注意所放置的傢俱的配色，讓先生遠離被調職的氣。

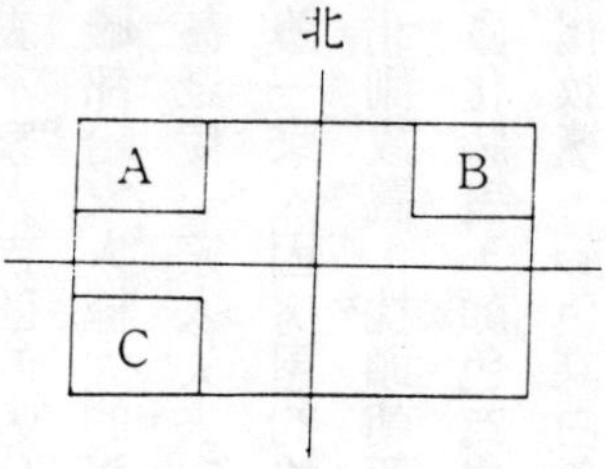

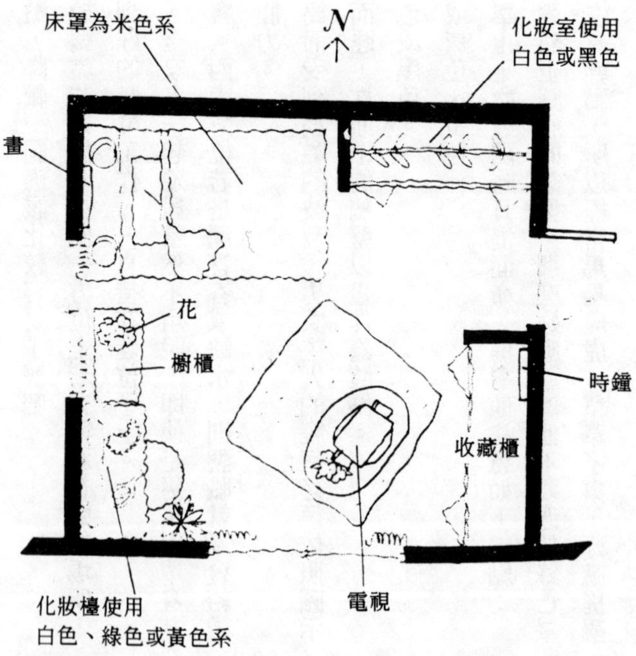

你的幸運度及建議

Ⅰ	Ⅱ	Ⅲ	Ⅳ	Ⅴ
對室內佈置有興趣，也經常閣讀雜誌。	目前由於調職的關係，住在租來的房子或公司宿舍。	經常改變床鋪的位置或櫥櫃的位置。	對於本文所說的三項要點，認為很有道理。	玄關、客廳或寢室有黃色的陳列擺設及用品。

YES的數目：　4～5＝○　2～3＝△　0～1＝×

寢室的門開向哪一個方位？	北側的門	東側的門	南側的門	西側的門
	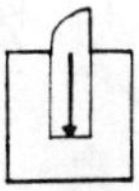	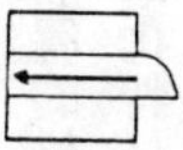		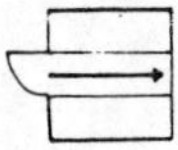
配置在幸運區域的室內布置	・本文所說的三項要點方位及幸運區域都要裝飾著白色的花或花的畫，或是雪山的畫等白色的物品。床鋪放置在房間的西北側，被單使用白色的製品。	・床鋪放置在房間的中心。枕頭套、被單都為白色，床罩為淡紫色。在本文所說三項重點方位上裝飾著檯燈等照明器具及紫色系的花。	・房間用鹽及酒來清潔，使本文所說的三項重點方位儘可能地近似參考圖。室內佈置的顏色以灰色為主，南側門的附近，放置電視等會發出聲音的物品。	・在幸運區域的入口附近，放置化妝檯及床鋪，用白色及粉紅色系的擺設用品或窗簾等物品，創造明亮的室內佈置。窗簾儘量地使用厚重的，以便遮光。

各種類別的室內佈置秘密

電氣製品

◉電話是資訊來源之一。來自東方位的能量而產生的吉的作用，可以帶來好的資訊。在資訊氾濫的現代，電話不應只裝置一具，請一定要裝置三具。因為，「三」這個數字和東方位的運氣及相性相合。如果是無線電話，那就裝置母機一具、子機二具，共計三具電話。請分別裝置在房間的東側。如果是附有傳真機的電話，那就以此具電話作為母機，如此會更增添幸運度。

◉音響等電氣製品因為力量較強，所以放置的位置非常重要。和電話一樣，請放置在東側，因為，東側具有「聲音」、「電化製品」、「資訊」的能量。顏色方面，一般為黑色。開關若處於「ＯＮ」的狀態，那便可發出陽氣，但處於「ＯＦＦ」的狀態時，就會從黑色或單調的顏色發出陰氣。

◉冷氣機或抽風機，請放置在東南側，因為，東南側和風的相性相合。

◉時鐘也要視為室內佈置的一種。請避免孩子氣的鐘、奇形怪狀的鐘、用數字顯示的鐘、上面刻有「○○紀念」的鐘。請在東側懸掛或擺置稍微高級一點的木質時鐘。

27

讓兒子娶得賢淑的媳婦

坦白說，妳的晚年運全繫於兒子的媳婦，媳婦的賢淑與否，和妳晚年的生活息息相關。

妳為了兒子可以忽略丈夫的一切，全心付出，含辛茹苦地把兒子養育成人，這當然是希望孩子有光明的未來，但說穿了，同時也是為了妳自己的晚年而打算。有的人只一心相信：「兒子聽話的話，媳婦自然地也會聽話。」但一旦這樣想時，是否也想過妳自己對婆婆如何呢？可不要什麼事情都一廂情願。

不要以為兒子已經超過二十五歲了，是可以獨立自主的年齡，而且最終學歷還算可以，工作也不錯，身高、容貌都夠標準，如果因此而認為：「可以不必操心了，他自然地會找到好媳婦。」那就錯了。

以今天的情況而定，男性總是比女性略遜一籌，以妳自己的例子來看，不正是如此嗎？

所以，如果兒子娶到一個惡媳婦，那麼以往的辛勞可能就要付諸流水了。

當然，兒子現在這麼大了，妳不可能在背後直接地操縱他，但倘若妳在兒子的房間（寢室）多花一些工夫去佈置，那就沒問題了。對妳而言，妳可能得到一個容易教育（洗腦）的媳婦。現在不如立刻去實行對孩子教育的最終階段。

室內佈置上的作用，可以使兒子不再和不符合妳家理想中媳婦的女性交往，讓他們分開來。當然，就長遠的眼光來看，這是有利於兒子的。無論是妳或妳先生，都希望將來被非常滿意的媳婦照顧，讓媳婦為家中生下活潑可愛、討人喜愛的孫兒吧。

單調的房間會散發出不必要的女性陰氣

理想的房屋格局，是兒子的房間位於東北至東的方位。早上七點左右太陽能照進來的位置，應配置為兒子的寢室及個人房間。寢室裡，房間的東側需有窗戶。

室內的陳列擺設使用暖色系及茶色系。最近，喜好單調、純樸的房間的年輕人似乎愈來愈多，但這種傾向於陰的房間具有女性（陰）的氣，所以應避免單調的設計、裝潢。如果兒子住在這樣的房間裡，那麼他成為永遠依賴妳這個母親的兒子，不想結婚的可能便變高了。

床鋪應靠南放置，枕頭朝東而睡。如此做為了吸引決斷力及良緣。

床鋪兩旁，放置檯燈及花卉。被照明器具所照射的花，使將來的夢想，亦即美好的女性形象更為明確。尤其是兒子心中若有特定的人選時，那就要擺可愛的花。再者，如果妳已認可兒子所選擇的對象，那麼應將紅色的花和她的照片擺在一起。如此做是為了確立兩人的緣份。

如果是為了使兒子永遠保持上進心，不斷學習，不會捲入無謂的感情糾紛的話，那就要在北側放置書桌及大的鏡子。因為北側是代表男女之情及親子之親的方位，所以可以使兒子結婚之後也不會忘記親情。

二　借助東、東北的力量以獲得強壯的子嗣

東側和「電氣製品」的相性非常相合，所以可以放置電視、錄影機、音響等電氣製品。東側對長男或子嗣而言，是必要的方位，它可以產生長男或子嗣的性格。日本皇太子之所以稱為「東宮」，便是因為這個緣故。

對家族的存續而言，東北這個方位也很重要。為了香火的延續不橫生枝節，能順利地繼承血統，長男或子嗣尤其要非常重視這個方位。在此處最好放置收藏用傢俱，為了不擾亂氣，內部應整理得有條不紊，亂七八糟是絕對不行的。

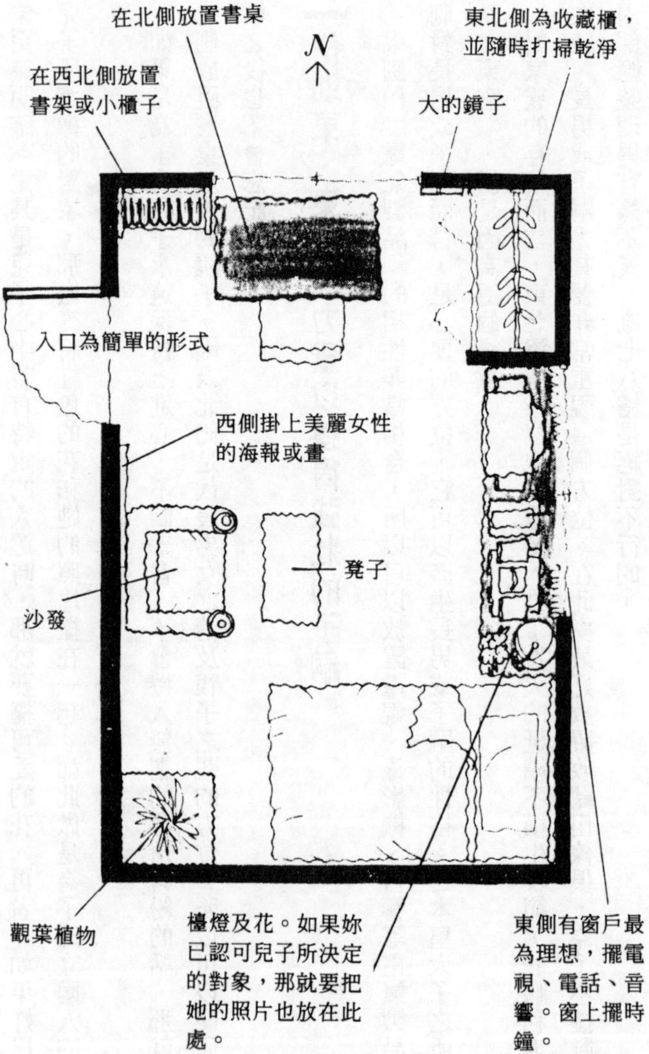
在北側放置書桌
N
東北側為收藏櫃，
並隨時打掃乾淨
在西北側放置
書架或小櫃子
大的鏡子
入口為簡單的形式
西側掛上美麗女性
的海報或畫
凳子
沙發
觀葉植物
檯燈及花。如果妳
已認可兒子所決定
的對象，那就要把
她的照片也放在此
處。
東側有窗戶最
為理想，擺電
視、電話、音
響。窗上擺時
鐘。

你的幸運度及建議

I	II	III	IV	V
兒子的房間在上午七點以前都有朝陽進來。	寢具之類經常曬得很乾爽溫暖。	男孩的房間也要收拾整齊，並打掃得有條不紊。	牆壁上所貼的女孩海報，不要隨意張貼。	兒子房間的窗簾，每二～三年便更換一次。

YES的數目：　4～5＝○　2～3＝△　0～1＝×

兒子的寢室的門為何方位？	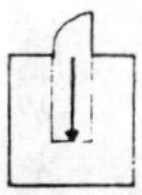 北側的門	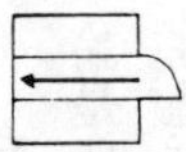 東側的門	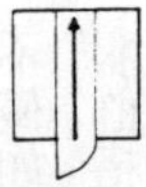 南側的門	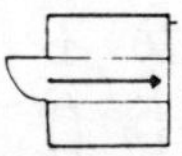 西側的門
配置在幸運區域的室內佈置	・在中央鋪上白色、粗毛的地毯，小的桌子上擺蘭花或紫色的菸灰缸及小物品。頭部睡在幸運區域內。	・房間的照明隨時都很明亮，西側的牆壁上掛著喜愛的女明星的海報。床鋪靠西而放，枕頭朝東而睡。身體一定要在幸運區域內。收錄音機或電視也要在幸運區域內。	・門的兩端掛上小幅的畫。月曆或行事曆也可懸掛在此。床鋪靠北側擺置，枕頭朝南而睡。芳香劑也擺在幸運區域內。顏色以綠色最為幸運。	・室內擺設用品使用素色的製品，在幸運區域的東側放置床鋪。照明稍微昏暗一點，裝飾著桃的圖案的飾物也很好。在房間裡不要喝酒。

28

讓女兒嫁入好人家

要把一個女兒撫育大，讓她有好的歸宿並不容易。如果要她進入被稱為「新娘學校」的女子大學，從小就得從進入其附屬的小學，然後好不容易地一直升到大學，完成學校課業。不僅如此，也要讓她學習茶道、花道、烹飪、服飾搭配……，這一切都學習了，從父母眼中看來才是一個純真、賢淑的女兒。

另外，還得防止女兒受到欺負、傷害，無論是感情或其他方面不要被男性欺騙了，讓她在適婚年齡出去。還有，還得要女兒和妳配合一切。如此一來，才能讓女兒找到好歸宿，風風光光地嫁出去。

這便是妳最大的心願吧！

但是，有一件事是不能忘記的，那就是妳家的室內佈置，我想這一點不用說妳也知道。

◉女兒的房間，是否為位於陽光照不到的

不良場所？
◉玄關能讓朝陽照進來嗎？
◉西方位上是否有廁所、廚房、浴室？
如果以上問題妳的答案都是否定的，那麼很遺憾地，妳至目前為止所做的努力都白費了，所花的金錢也像泡沫一樣地消失了。因此，我勸妳即刻依照如下要點去改變室內佈置。

東南側的房間分配給女兒

首先，女兒的房間應配置在陽光充足、通風良好的東南側。當然，隨時都要保持清潔。從房間的中心看出去的東南側，裝設有能讓朝陽灑滿房間的窗戶，窗邊放置觀葉植物及無線電話。

床鋪要靠東放置，枕頭朝南而睡。枕邊放置檯燈及鬧鐘。

南側若沒有窗戶，則裝飾著圖畫。化妝檯放置在西側的牆壁。

北側擺桌子及椅子，並設置休憩區。

位於西側的房間會影響性格的形成

西側在形成女兒的性格上扮演了極為重要的角色。

◉西側若有廚房，那麼女兒很可能變成喜歡嘮叨、說人壞話的女人。為了避免這樣的結果，廚房必須隨時弄得整齊清潔。桌子或椅子應使用木製的高價品。西曬照進來的話，應用東西遮光。此時，窗簾要用藍色系的顏色。另外，照明應明亮一點。

◉西側若有浴室，則女兒會經常背著父母到外面遊盪，成為將男人玩弄於股掌之間的類型。為了避免惹上大的糾紛，請採取如下的要點加以應付。

浴室的用品應使用藍色或暗色系。水龍頭要有二個。洗臉檯若有鏡子，則要立刻拿到外面。

◉西側若有玄關，則女兒會變成對金錢斤斤計較的類型。為此，妳可能因金錢而大傷腦筋，欲哭無淚。首先，鞋子不要在玄關拿進拿出，門廊要隨時擺出三雙藍色系的拖鞋。另外，裝飾著花卉，掛著圖畫。

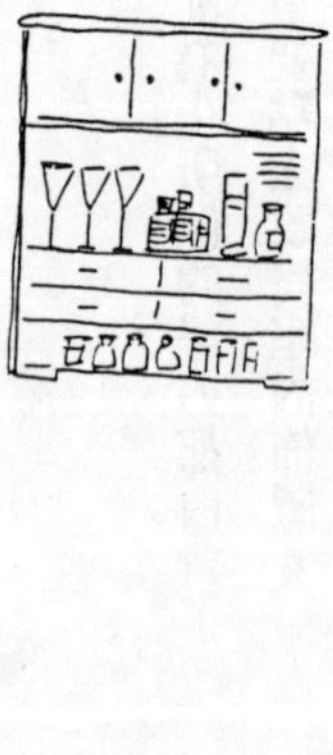

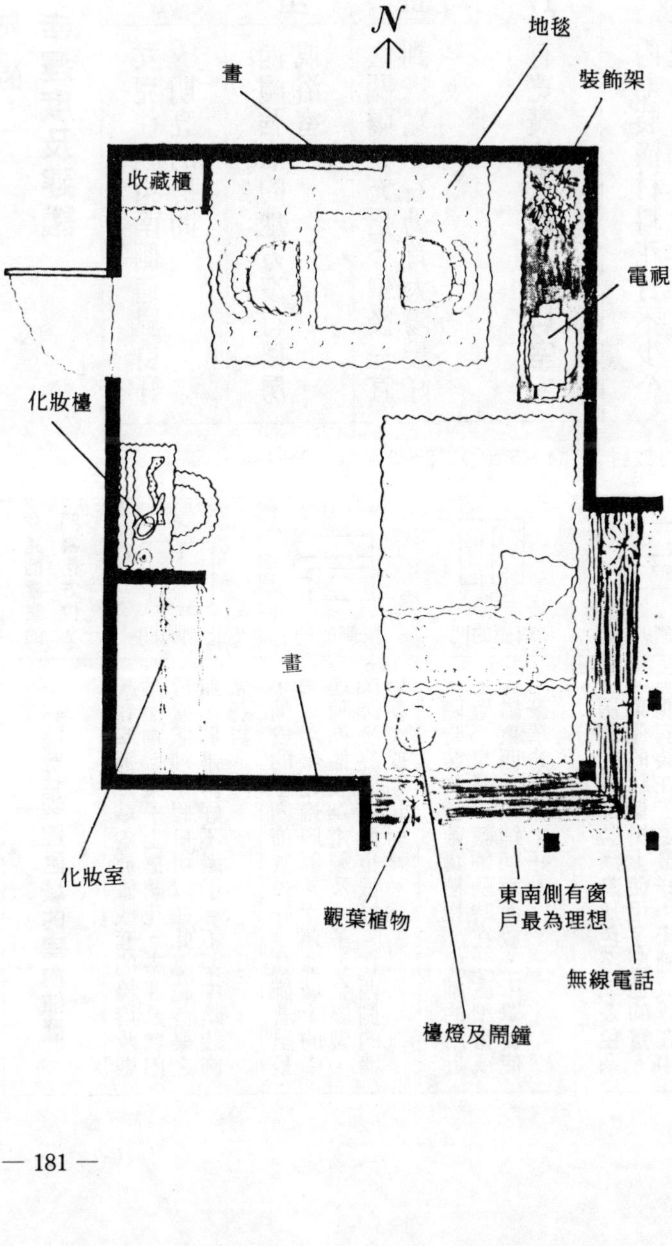
N
地毯
畫
裝飾架
收藏櫃
電視
化妝檯
畫
化妝室
觀葉植物
東南側有窗
戶最為理想
無線電話
檯燈及鬧鐘

你的幸運度及建議

I	II	III	IV	V
女兒住在東南側通風良好、明亮的房間。	西曬強烈的地方沒有櫥房或浴室。	玄關陽光充足（午後一直到二點左右仍有太陽最好）。	有寬廣的玄關及起居室。	內部裝潢材料花費不少金錢。

YES的數目：　4～5＝○　2～3＝△　0～1＝×

女兒的寢室的門為何方位？	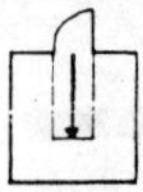 北側的門	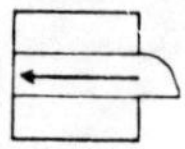 東側的門	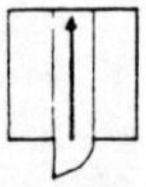 南側的門	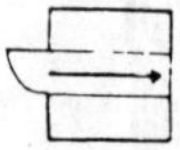 西側的門
配置在幸運區域的室內佈置	・在幸運區域內放置成套的檯燈及觀葉植物。桌子上擺蘭花。幸運區域內放置床鋪，假日可以在此處聽音樂之類，那是再好不過了。不要中斷裝飾著花卉。	・俏皮的室內佈置最好。裝飾著風景畫，用聚光燈照射。幸運區域上的幸運陳列擺設為電視及桌子。金屬製、閃閃發亮的東西也很好。在西側的牆壁朝東或朝北而睡。	・隨時裝飾著觀葉植物。床鋪的附近放置小桌子。讓她隨時在此處讀書或編織東西。床鋪朝南而放，床罩要使用豪華的製品才好。	・房間的內部裝潢為灰色系或茶色系。東側的牆壁掛上使用了藍色的畫。照明安裝在三處最好。床鋪放置在中央，朝東。

各種類別的室內佈置秘密

保險櫃、寶石

◉保險櫃、寶石、貴金屬應放在太陽照射不到的北方位（包括西北、東北）。北側是可以保守秘密、保管財產的方位。對於正在考量稅務對策的人而言，是一個值得推薦的方位。

◉寶石或貴金屬都放在面對陽光的場所的話，則寶石及金屬會變色，同時也會喪失其力量。放在化妝檯或櫥櫃的抽屜裡時，為了財不露白起見，應放入小的盒子裡，慎重地保管。另外，由於寶石和方位關係密切，因此應放在房間裡吉的方位，才能更加提高寶石運。

◉一般所謂的「誕生石會帶來幸運」的說法，雖然未必有其根據，但是，若在室內裝飾著與寶石同色的花，則寶石的力量就變成二倍或三倍，甚至好的寶石能增加我們獲得更好的寶石的機會。譬如，石榴石、紅寶石、紅瑪瑙和紅色花卉，以及紫石英和紫色花卉，或是藍寶石、鑽石、珍珠和白色花卉等等，都是非常不錯的搭配。還有，寶石、貴金屬和財運、健康運都有所關係。

29

讓丈夫脫離上班族行列獨立創業

男人如果想要自由自在地工作，那麼就非從事自營業不可。雖然獨立創業並非易事，有時煩惱得胃都疼痛不已，但賺錢的方式和上班族的固定收入大不相同。

再者，工作上發展的前景更為看好，不必永遠領一份死薪水。

作為一個上班族，就必須對上司畢恭畢敬、卑躬屈膝，而作為妻子的妳，也不希望丈夫一直保持「組織的齒輪」如此不起眼的角色，一輩子平平凡凡地過去，終其一生都抱有遺憾。然而，獨立創業也需有足夠的能力才行。

不過，有些丈夫會考慮到：不知自己是否具有如此的器量可成大器，而且本身又無不動產及財力，在年齡上也不容許我冒險，還不如維持原狀，做個平凡的上班族……。這樣話的丈夫還真不少。

但是，如果妳想讓自己的丈夫一鼓作氣、奮發圖強，不以做上班族為滿足的話，那麼現在就發揮妳賢內助的力量吧！

二　門牌為木製的且寫上全名

獨立創業的運氣，蘊藏於向陽性良好的玄關。以方位而言，便是東或南的玄關。東方位的玄關，大門的門扉應靠北側。

門廊應放置一盆盆栽及傘架。

門牌為木製的，且寫上男主人的全名，用聚光燈去照射它。

鞋櫃上面要鋪有花樣的縷空織物。在藍色的花瓶插上花，並保持鮮活。

門廳要擺竹子做的小擺飾，玄關要鋪華麗的腳墊。

拖鞋使用附有飾物的製品，牆壁上掛鏡子及畫有龍的圖案的畫或陶板。

總而言之，令人有明亮感的玄關才能招來運氣。

三　門的金屬零件要擦拭明亮

若是南側的玄關，則門扇應在西側。

門的金屬零件（把手之類）應隨時弄得亮晶晶地。

門廊放置一對盆栽（也就是二盆）及傘架。

鞋櫃上面要鋪縷空的織物或墊子，插上鮮花。和鞋櫃對立的牆壁要掛鏡子。

門廳要擺盆栽或觀葉植物，此處也不要忘記鋪腳墊。另外，進入玄關的正面位置，亦即最容易看見的地方擺一些小擺飾，並用聚光燈去照射。

拖鞋以綠色為佳。

若是南側的玄關，全體的陳列擺設應散發出時髦、俏皮的感覺。

如此一來，獨立創業的機會就一定會降臨。

朝東的玄關

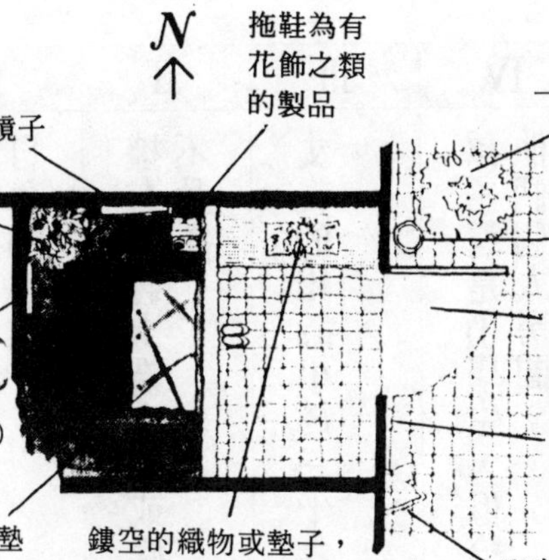

地板：地毯為有花樣的豪華地毯
牆壁、天花板：使用板子或ＣＬ的裝潢，釘板子使人有明亮感

朝南的玄關：30歲後半期～40歲代的獨立運

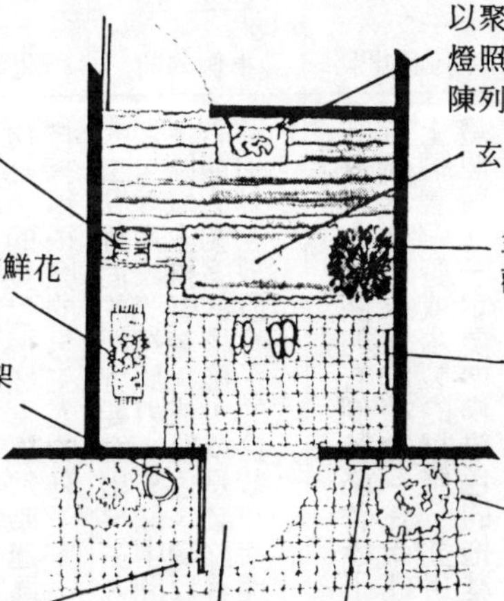

地板：鋪地板
牆壁、天花板：令人有時髦、
俏皮的感覺

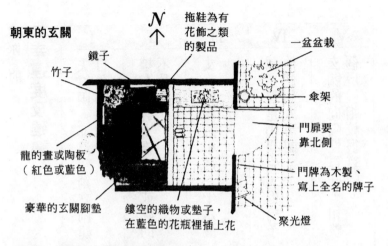

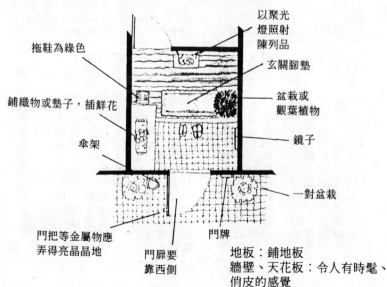

你的幸運度及建議

I	II	III	IV	V
夫婦兩人都渴望獨立創建自營的事業。	擁有名義上為丈夫或妳的不動產。	丈夫的年齡小於三十六歲。	孩子還是小學生，但給予他們個人房間。	玄關的向陽性良好，和整個房屋相較很寬敞。

YES的數目： 4～5＝○ 2～3＝△ 0～1＝×

玄關的門開向哪一個方位？	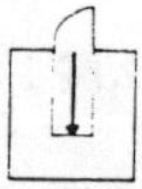 北側的門	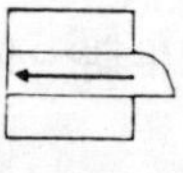 東側的門	 南側的門	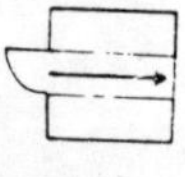 西側的門
配置在幸運區域的室內佈置	・玄關的內外照明都要很明亮。外面要擺開著花的植物。內部的裝潢也要使用暖色系使室內明亮一點。橘色或粉紅色的畫也很好。經常幸運區域內擺擦得很亮的男主人的鞋子。	・玄關外面的門牌要寫出男主人的全名，並用聚光燈照射。玄關中間在幸運區域上擺著藍色或紅色、陶板製、有龍的圖案的擺飾或是裝飾著圖畫。另外，放置竹子的盆栽在幸運區域內。	・一進入玄關的右側裝飾著鏡子。附近擺著會結果實的植物。在幸運區域上擺著銅製或木製的擺飾，並用聚光燈照射。一定要準備綠色的拖鞋。	・玄關的腳墊使用有高級感的製品。鞋櫃上要鋪鏤空的織物或墊子，擺龍等符合男性形象的擺飾。進入玄關的左側要掛富士山的畫。在幸運區域內裝飾著鏡子，但要用小的鏡子。

30

做個有男人緣的亮麗女性

「原本是個坦率、可愛的太太，不知何時卻像變了一個人似地。」結婚幾近十年的丈夫，竟會說出這樣的話來。

從養兒育女所加諸在身上的壓力，與鄰居相處的問題到被婆婆、小姑的嘮叨、挑剔所圍繞，以及為了讓丈夫出人頭地所作的努力，做妻子的人都非得堅強不可。

此時，年復一年地年輕可愛的笑容就不知消失到何處，變成眉目深鎖的黃臉婆。晚上看見鏡子所映照出來的自己時，妳會不會這樣想：「真想稍加裝扮一下，再次吸引男人的眼光。」「如果能回到年輕時代，那麼我真想回到那段時光……。」

妳除了努力於成為一個亮麗的女人之外，同時也可以成為妳的家庭安定的來源，喚回全家的喜悅及光明。

如前面已說過的，家庭主婦是家庭內幸運的泉源。只要妳能幸福，那麼其他的家人也會一樣，無論如何都有好運相隨。

年輕、活潑的氣息來自玄關

使家庭主婦變成富有朝氣的力量，在於廚房（包括餐廳及客廳的ＬＤ）及玄關，還有寢室也是。

玄關或廚房若是位於陽光充足的東南到東方位，而寢室位於西方位的話，那就更為理想了。從東到東南的方位，蘊藏著使人年輕、活潑的氣。

另外，玄關不僅是人的出入口，同時也是幸運之氣的出入口。從玄關一處，可以吸收年輕、活潑、女性所特有的優美、溫柔之氣。

便秘、皮膚粗糙、焦躁不安的根源

廚房被稱為「女人的城堡」，廚房的好壞，對家庭主婦有著直接的影響。譬如，污水槽的另一面是便秘或皮膚粗糙，爐殼的污穢會引起鄰里之間或學校對妳的惡評或謠傳，爐台的污穢，則會引起夫婦之間的齟齬或婆媳問題。

總之，不潔的東西會帶給妳心浮氣躁、焦慮不安的氣。

如果妳現在很在乎這樣的結果，那麼就要及早有所因應、處置了。除此之外，請用心注意如下的室內佈置要點。

◉從東南到東的方位若有玄關，則應以花作為裝飾，鞋櫃上面要鋪縷空的織物或墊子，並擺花瓶。如果實在沒有足夠的空間，那麼掛花的畫也無妨。紅色、粉紅色或橘色等顏色鮮明的花，都可招來年輕、活潑的氣息。

照明請儘量明亮一點，通風也要保持良好。

另外，不可以在此將不必要的鞋子拿進拿出。

◉從東到東南的方位若有廚房，並且也有朝陽可進來的窗戶的話，那就可以獲得更多的氣。不過，在此一方位上尤其排斥惡臭，所以垃圾永遠都不要囤積在此處。為了不使廚房內發出臭味，一定要安裝通風機。爐殼的汚穢，請隨時清拭乾淨。地板的油汚也要一起檢查、清潔。

陳列擺設應統一使用中間色等明亮的暖色系。

菜刀、小刀、湯匙，不要用完了就擺著不收拾。食器類也不要堆積在汚水槽內，一直保持原樣。另外，一定要在廚房某處擺著時鐘或記事板。

如果擺設粗俗、簡陋，那就要在突出窗戶放置觀葉植物，並在牆壁上掛著畫作為裝飾。

二 在寢室擺令人有南國印象的照片

寢室為了抑制來自玄關或廚房的氣，反而會變成使人更有活力的地方。只要可以的話，最好把它配置在使人心情穩定的西方位。如果廚房及玄關都不能配置在東到東南的方位，那麼，從寢室開始去創造能吸附東或東南方位的力量的室內佈置。

首先，在寢室的東到東南方位，掛上使人有南國印象的照片或花的畫，並且掛上記事板。床單、床罩類要使用有花樣的製品，並且隨時保持清潔。

床鋪應靠東側或南側而放，枕邊要擺檯燈。

如此一來，妳便可成為被年齡相當的男性所喜愛的女性，既幸福又亮麗，散發出迷人的風采。

◎水槽的積水是便秘或皮膚粗糙的根源
◎爐具外殼的污穢會產生惡評
◎爐台的污穢會引起夫婦的爭吵或婆媳問題

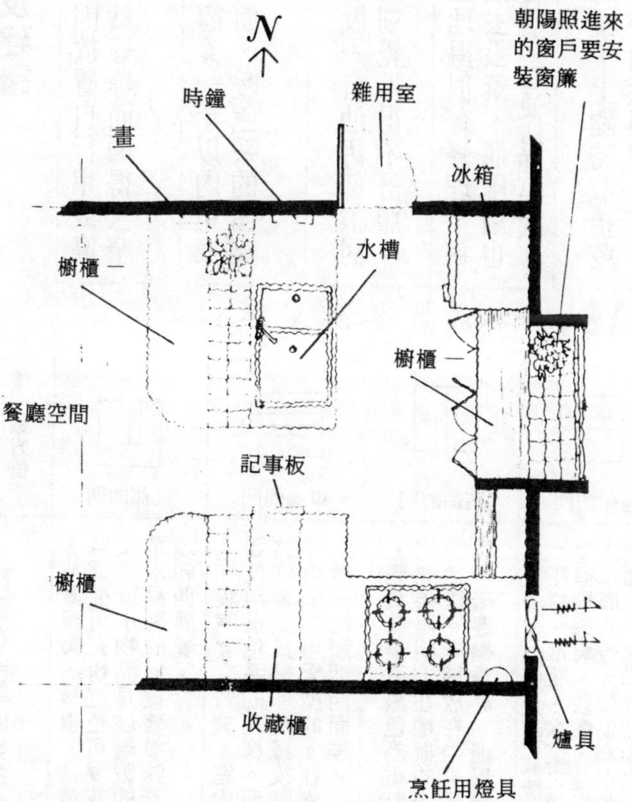

地板：使用磚紅色的塑膠地板、軟木地板、磁磚或木板地板
牆壁：磁磚從象牙白、乳白到橘色等暖色系都可以
天花板：白色或灰色

你的幸運度及建議

I	II	III	IV	V
玄關內因放置自行車或高爾夫球具等等而顯得狹窄。	寢室的窗簾一年以內更換一次素面、暖色系的窗簾。	廚房地板一有油污便很討厭，立刻覺得得不舒服。	垃圾整理得很有條理，每天拿出去丟棄，通風扇也是一個月左右便清理一次。	餐廳的桌子上隨時收拾乾淨，並使用餐具墊。

YES的數目：　4～5＝○　2～3＝△　0～1＝×

寢室的門開向哪一個方位？	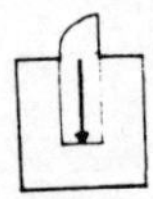 北側的門	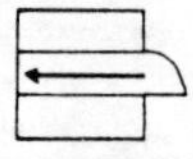 東側的門	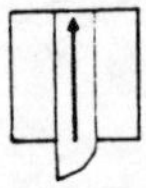 南側的門	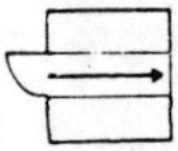 西側的門
配置在幸運區域的室內佈置	・放置藤製的傢俱。沙發及床鋪的布料都使用有粉紅色可愛花樣的料子。桌子或小物品是玻璃製的，菸灰缸也是水晶製的。擺著氣味芳香的花。枕頭朝西睡覺。	・在寢室要有音樂。室內佈置的物品要使用藍色系的花樣。西側的牆壁上裝飾著風景畫。時鐘或鬧鐘要儘量地使用俏皮可愛型的。在幸運區域放置床鋪，枕頭朝西而睡。	・觀葉植物以綠色為重點。照明要使用間接照明，在地板的中央鋪苔綠色的地毯。床鋪放在中央，枕頭朝北而睡。床邊擺雜誌。通風要良好。	・在幸運區域不要放置裝水的東西（花瓶、水瓶、水壺之類）。東西的牆壁擺電視、音響，並掛太陽的海報或草原的畫，傢俱為白色或黑色等單調顏色。床鋪放在中央，枕頭朝北而睡。

第四章

使人生豐富的室內佈置

31

漂漂亮亮地離婚

在最近的已婚婦女之中，有不少人將「離婚」視為與自己的幸福休戚相關的事情，所以應緊緊地抓住機會，甩脫不愉快的婚姻，重建幸福的人生。她們之中較有勇氣的女性，會不顧一切地捨棄到目前為止所累積的一切，然後邁向嶄新的人生。這就好像處理巨大的垃圾一樣，輕而易舉地便離婚了。但儘管如此，當事者之間存在著子女監護、贍養費等等令人十分傷腦筋的問題，也是不爭的事實。

真正希望分手的人，都會說：「只要能分手的話，根本就不需要一毛錢！」但一旦分手之後，妳就要展開新的人生，而出現極大的變化。因此，歷經千辛萬苦才獲得獨立的妳，應抓緊好運，不要再陷入厄運。

另外，如果妳是一心急於離開不幸的丈夫，不願受束縛的話，那就要依照接下來的說明，立刻去改變室內佈置。妳的新生活的第一步，便是由此開始。

二寢室位於南側有門、西側有窗的窗戶

如果想要毫無眷戀地分手，而且成為對妳更加有利的分手的話，那麼寢室就要做如下的「工夫」。

首先是房屋的格局，如果可以的話，寢室應配置在南側有作為出入口的門，面側有可讓西曬的太陽照入的房間。由於南側是具有「分離」的力量，西側具有使妳在談判有關分手的條件的爭執中不至於落居下風的力量。除此之外，它也是增添以金錢解決問題的力量方位。

床鋪要靠南側擺置，頭部朝向南側入寢。南側也是一個使妳原有的實力更加凸顯的方位，可使妳展現才能。電視放置在東北的角落。東北側是有使妳重新出發的氣的方位。

音響擺在西側的窗邊，化妝檯擺在東南側，如此會帶給妳年輕氣息及勇氣。

床鋪的邊枕，應儘可能地在小桌子上擺大的水瓶或水壺，妳和丈夫兩邊都一定要有。如此一來，可以讓妳的丈夫順利地找到別的愛人，並帶來分手時對妳有利的事。

室內佈置的顏色，應使用紅色、黃色等鮮艷的顏色。甚至華麗到刺激了神經也無妨。牆壁上要掛使用原色的畫或金色的畫。

當然，與丈夫有關的回憶的物品或照片，要斷然地全部處理掉。

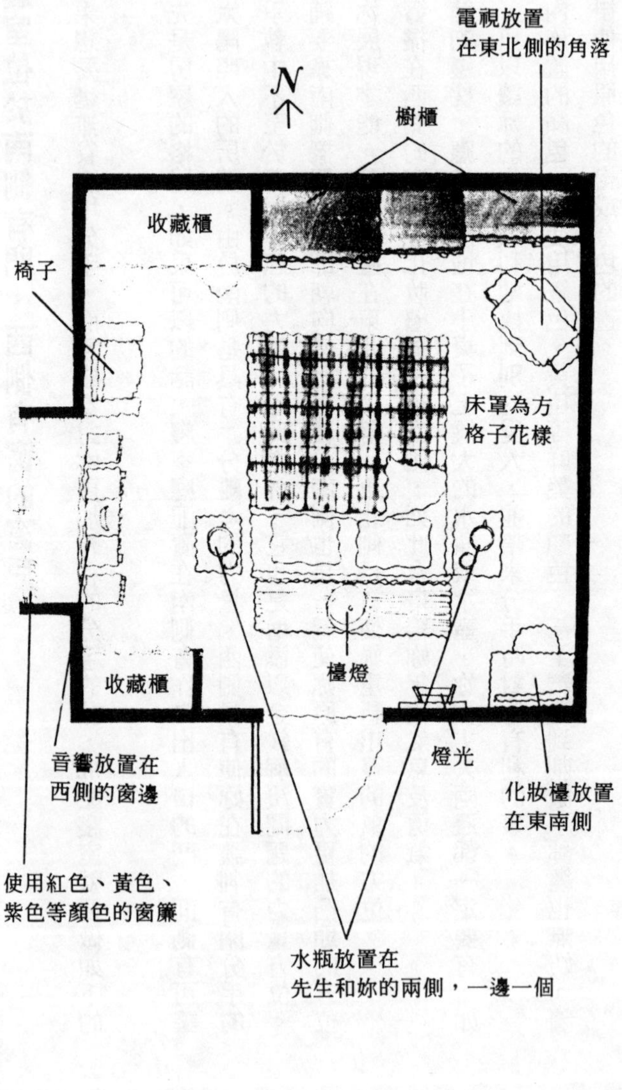
電視放置
在東北側的角落
N
櫥櫃
收藏櫃
椅子
床罩為方
格子花様
收藏櫃
檯燈
燈光
音響放置在
西側的窗邊
化妝檯放置
在東南側
使用紅色、黃色、
紫色等顏色的窗簾
水瓶放置在
先生和妳的兩側，一邊一個

你的幸運度及建議

I	II	III	IV	V
藉用任何理由和丈夫分別睡在不同的房間。	製造一種一旦妳提出「分手」時，丈夫也會說「好」這樣的氣氛。	一考慮到離婚的方式及贍養費等問題，就要耐心等待適當的離婚時機來臨。	經常在庭院烤肉或起火。	房屋的南側有大的樹木。

YES的數目：　4～5＝○　2～3＝△　0～1＝×

寢室的門開向哪一個方位？	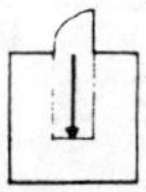 北側的門	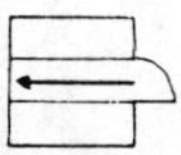 東側的門	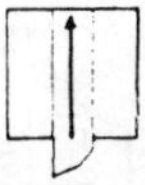 南側的門	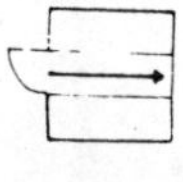 西側的門
配置在幸運區域的室內佈置	・門的四周很明亮。窗簾、床罩及床罩為摻有紅色的格子花樣。南側放置熱帶魚的水族箱並安裝燈光。北側排列著電視及音響。枕頭朝南，睡在幸運區域上。	・枕頭朝南，睡在靠南側牆壁的床鋪。幸運區域上要擺檯燈。桌子、椅子各一。用紅色的畫作為裝飾，在此處讀書。	・在北側的幸運區域上擺電視或音響等會發出聲音或光的物品，以及用摻有紅色或金黃色的圖畫作為裝飾，並用聚光燈照射。多用原色的傢俱及用品，枕頭朝南，睡在幸運區域上。	・使用白色的傢俱及用品，並在上面擺玻璃的擺飾。幸運區域上要放置桌子、沙發及玻璃的器皿。照明要暗一點。有大的窗戶的話儘可能地遮光。窗簾使用灰色系。

各種類別的室內佈置秘密

畫

◉不要掛著和房間沒有統一感、不協調的畫，也不要胡亂地掛著許多畫作為裝飾。至於畫的圖案，有花的畫會帶給家人幸福，另外，有山的畫會招來金錢運，美麗的風景畫，則會讓妳原本所具有的性格及才能呈顯出來，開花結果。

◉絲織屏風，暖色系的製品有利於希望結婚的人。寒色系則有利於辦公室等房間。

◉繪畫和植物一樣，具有提高方位能量的作用，因此，二十號大小的畫的力量才算強烈。裝置聚光燈時，一點亮點就會使吉凶變得更為強烈。

配合方位的畫的圖案，請看如下的說明。

北＝海、港、湖、粉紅色或橘色的花。

東北＝雪山、男孩、雪景、朝霞。

東＝朝陽、樂器、車子、年輕的男性、大紅色的玫瑰。

東南＝四名少女、春天或夏天的風景畫。

南＝海、夏天的風景畫、南國情調的花、抽象畫。

西南＝草原、田園風景、蔬菜或植物。

西＝少女、秋天的風景畫、歐洲的街道。

西北＝寺院、神社、大都會的夜景或街道。

32

做個活得愉快而獨立自主的女人

有人說，很多女性一旦丈夫先她離世，或是和丈夫離婚，那就會萎靡不振、鬱鬱寡歡，但就我所知，這樣的女性其實很少。

縱然分手之後有短暫的難過，但過了一段期間便可重新振作起來，拋開過去不愉快的回憶，然後靠自己堅強地活過來，下決心要活得愉快而獨立自主。

像這樣的女性，才是勇敢的。

女人為何能在沒有丈夫之後仍能發現新的興趣，擁有工作，比和丈夫在一起時生活得更有活力、更有精神，變得更加美麗？事實上，她們能之所以活得如此有朝氣、有幹勁，都是因為她們的房屋及室內佈置隱藏了秘密。

有人說，環境會塑造一個人，但人們生活的基礎的地方畢竟還是家。只要看一個人所擁有的家是什麼樣子，便可知道這個人是什麼樣子。

家可以塑造擁有它的人，也可以說明一個人。說得更詳細一點的話，可以說建築物的格局加強一個人的體型及容貌的作用，室內佈置對心理有著極大的影響。

一不會擾亂玄關的氣且俏皮時髦的室內佈置

女人要一個人堅強地活下去，就必須有稍微寬敞的起居室，或是寢室。這兩者若是合併為一間也可以。

在格局上，北側的玄關成為重點。玄關具有一種強化居住其中的主人的力量的作用。為了要有效地運用這股力量，玄關不要面對日曬的陽光，應使它具有安靜、穩定的氣氛。室內佈置、地上踩踏的磁磚、門、地板都要使用時髦的茶色系，鞋櫃上要放置在旅行地點買的木雕玩偶及花卉。白色的花可以招來金錢運，黃色可以招來戀愛運，粉紅色可以招來良好的人際關係。

在牆壁上掛著鏡子及山的畫。不過，鏡子應避免安裝在玄關的正面。可以的話，在玄關一踏進來的地方放置觀葉植物。

化妝檯應放置在起居室的西北側

另外，化妝檯若是擺在起居室（寢室）的西側，則擺在正中央的沙發也是一大重點。化妝檯要大一點，下面的收藏櫃部份（抽屜之類）及鏡子部份最好是分開的。避免使用金屬性的物品。化妝品等物品收入下部的收藏空間。相反地，寶石箱及貴金屬要放在化妝檯上面。椅子要使用圓形、真皮製的製品。

為了活得堅強，畢竟還是需要隨時仔細地觀察自己本身。因此，妳每天都要在這個化妝檯前面檢視自己一番。

「我的臉很疲累的樣子，要再堅定一點！」

「似乎玩得有一點過份了吧？」

當妳寂寞時，也可以一個人自說自話，和內在的自己交談，以消除寂寞，讓自己更堅持、更振作。

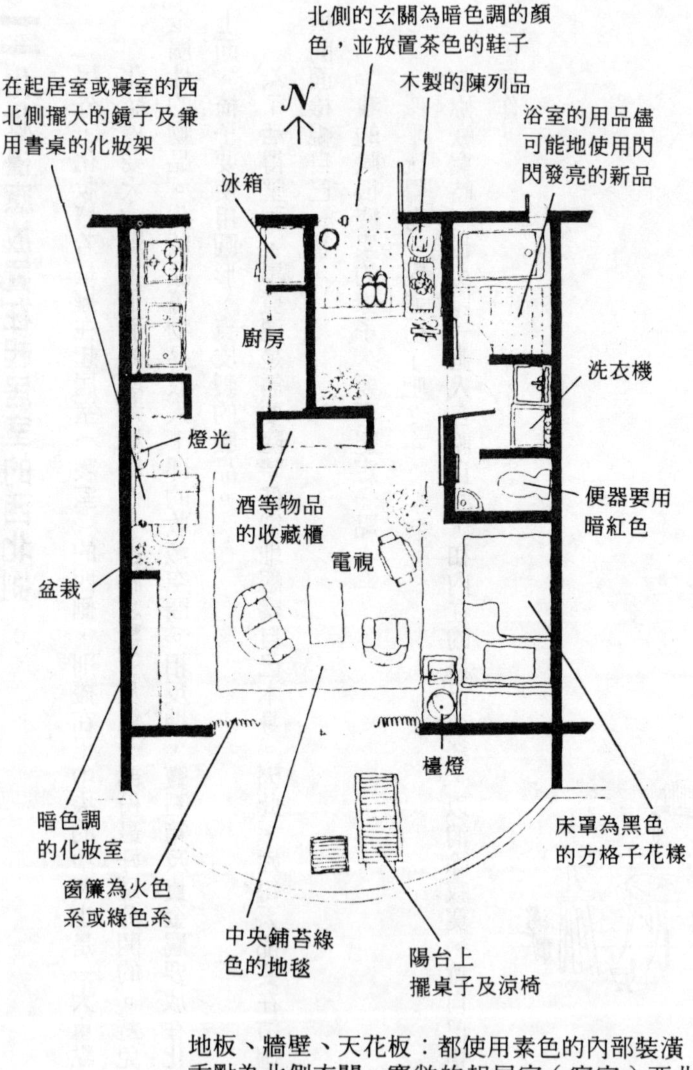

地板、牆壁、天花板：都使用素色的內部裝潢
重點為北側玄關，寬敞的起居室（寢室）西北
側的化妝檯、中央的沙發、朝南放置的床鋪

你的幸運度及建議

I	II	III	IV	V
擁有值得自傲的華麗化妝檯。	相較於居家，玄關很寬敞，因此放置著繪畫作品及擺飾等沒有統一感的物品。	雖是單人房，但仍住在寬敞的房間裡。	喜好購買傢俱，不考慮家中的大小就購入的情形時有發生。	浴室、廁所等與用水有關的場所的用品使用時很注意，隨時都會更換新的用品。

YES的數目：　4〜5＝○　2〜3＝△　0〜1＝×

玄關的門開向哪一個方位？	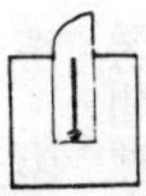 北側的門	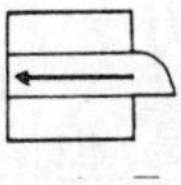 東側的門	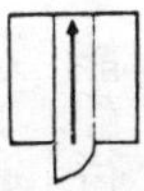 南側的門	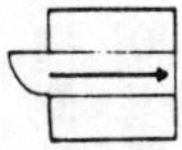 西側的門
配置在幸運區域的室內佈置	・創造回家能好好地寧靜下來的室內佈置。鞋櫃上面擺以茶色為主的木雕玩偶等木質飾品。在幸運區域上隨時擺茶色的鞋子。	・門要用暗棕色。鞋櫃及傢俱的顏色也都配合它。在幸運區域的牆壁掛上山或湖的風景畫，以保持心情穩定。照明要稍微暗一點。	・門廊的左右擺一對植物。玄關內也在幸運區域的牆壁上裝飾著三幅直掛的小幅的繪畫作品或版畫。以白色或象牙色系的室內陳列擺設製造和盆栽相互輝映的氣氛。	・在幸運區域內放置白色的傢俱。裝飾著粉紅色玫瑰之類的花。拖鞋也要用白色或粉紅色系才好。門廊夠寬敞的話，則將傘架放在外面。

33

消除更年期障礙的煩惱

無論是什麼樣的女性，一定會經驗到的事情便是更年期。更年期的煩惱雖因人而異，但說起來種類還是相當多。

在這一段期間，總是會焦慮不安，當然，過了這段期間之後就會恢復正常，所以有時只能靜待時間來為妳解決問題。或者，也可以委託醫師開藥拿回來服用。總之，每個人的情況不同，也就有各種因應之道。

但要除去更年期的障礙，借助室內佈置的力量是最具效果的。

雖然這種方式不具有即效性，但也沒有藥害。第一，因為妳每天都在自己所親手佈置的房間裡生活，過得很愉快，不會覺得花工夫在室內佈置上非常麻煩。所以，久而久之便產生使人開朗活潑的力量，更年期障礙也就在無形中消失了。

二、症狀嚴重的人的房屋北及南的方位為問題所在

我對此一問題一再研究，發現有些更年期障礙較嚴重的人，其所居住的房屋有著二大缺點。

那就是，更年期障礙和北方位及南方位有關。因此，妳受到所居住的房屋北側及南側的格局的影響，乃是理所當然的。另外，包括北側及南側兩方位的鄰居所形成的環境，也帶給妳影響。

首先，最不好的便是擁有北側或南側有道路的房屋。因為道路是通往玄關、帶給家人幸運的通道，但如果被帶進來的幸運和玄關的力量起了衝突，那麼就會產生不良影響。

請看下一頁的圖。面對北側道路的正北的玄關（圖1），以及面對南側道路的正南的玄關（圖2），由於被帶進來的能量是不一定的，因此便無法產生出使人平安地居住其中的作用。也就是說，能量會時強時弱，而身體及精神也會跟隨著變化的幅度而起伏不定，呈現不穩定的狀況。

其次不好的房屋，是北側或南側有河川、大的道路、大的高樓大廈，以及煙囪或會排放異臭的東西之類。在這些情形下，南側及北側的能量便無法充分對妳的房屋發揮作用。這些情形也會成為加重更年期障礙的症狀，或是延長更年期障礙的時間的要素。

圖1

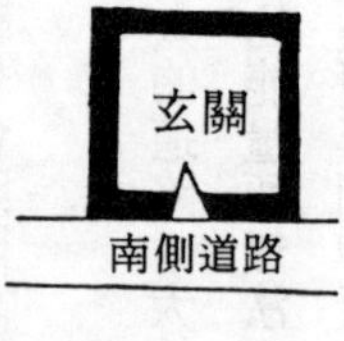

圖2

如果妳因為更年期障礙而痛苦難當，那麼請立刻試著檢查房屋的北側及南側。和鄰居之間或庭院，如果有大厦，那麼就要看看妳家的陽台、通路，甚至道路究竟如何?看這些地方是否骯髒不堪、排水堵塞不通、污水積聚不散、雜草叢生、圍牆或籬笆被破壞了，如果有這些情形，那麼就要立刻收拾、修理。

房屋之中北側、南側的房間也要檢查一番。北側的房屋，應注意通風是否良好，是否採用令人有柔和感的暖色系的室內佈置。正北側不擺暖氣機也是非常重要的一點。南側的房屋應儘量地明亮。

窗前如果擺著傢俱之類的物品，請立刻移開。除此之外，起居室的陳列擺設應如下配置，假日可以在此輕輕鬆鬆地休息。

◉妳坐在房間的中央。而若能確定妳平衡地吸收
來自各方位的能量的話，那是最快樂不過了。

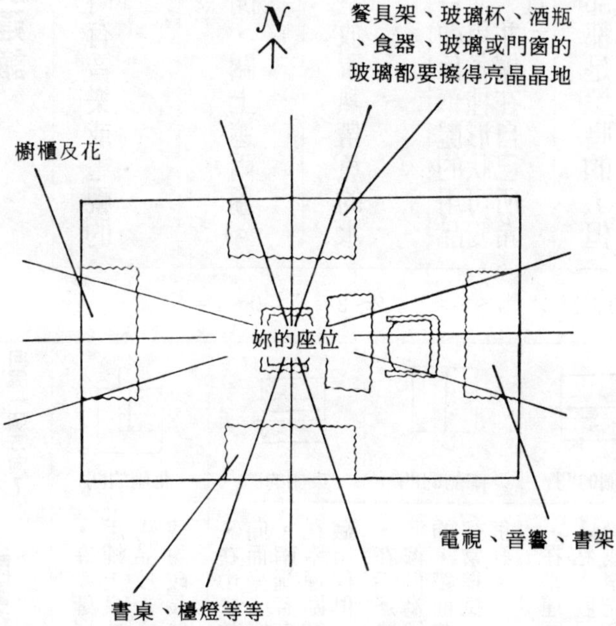

北側的牆壁：電視、音響也很好，但擺餐具架最好。畫以畫有水的作品為佳。
東側的牆壁：放置書桌、書架、電視、音響、太陽的畫都很好。
南側的牆壁：擺照片、大的海洋海報（南洋為佳）。書桌、檯燈及電話也都擺在此處。
西側的牆壁：擺收藏櫃、書桌、櫥櫃、花卉或觀葉植物。

你的幸運度及建議

I	II	III	IV	V
家中隨時有音樂或電視的聲音。	每天打開、關上遮雨棚。	在起居室放置熱帶魚的水族箱。	雖然沒有顏色華麗的用品，但仍使用各種形狀可愛的用品，並擺在自己所希望的位置。	家中全部都是黑暗的，但只有寢室很明亮。

YES的數目： 4～5＝○ 2～3＝△ 0～1＝×

起居室的門開向哪一個方向？	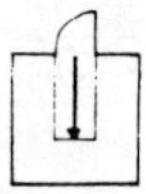 北側的門	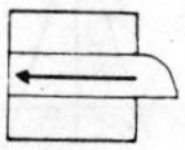 東側的門	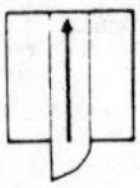 南側的門	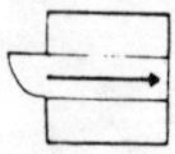 西側的門
配置在幸運區域的室內佈置	・在幸運區域擺黑皮沙發及椅子，使用鋪上桌巾的鏡面裝潢的小桌子。小物品放入小桌子下面的架子或抽屜。儘量較長時間待在此處。	・在中央放置沙發及椅子，朝門的方向而坐。電視、音響擺在北側的牆壁，南側若有窗戶，則要隨時大開著，在幸運區域的入口附近放置黑色的收藏用傢俱。	・在幸運區域的北側放置電視及音響。傢俱為黑色或白色，並且為有光澤的，鏡面裝潢的物品。沙發及椅子都經常擦拭。在門的附近放置擴音器也很好。	・在幸運區域上東側的收藏用傢俱放入私人物品。南側放置植物，並用壁燈或聚光燈照射。在幸運區域上朝門的方向而坐。傢俱以黑色為佳。

各種類別的室內佈置秘密

水槽、玄關的擺飾

◉飼養熱帶魚的水族箱，要放置在房間的東側或東南側。水槽或水的清理應經常做。裝有二十公升以上水量的水槽放置在南側是一大禁忌。如果未注意到這一點，那麼就會使人變得神經質，或是患上失眠症。

◉除了花或畫之外，玄關若是以鏡子作為裝飾，那也不錯。不過，鏡子不可以擺在門的正面。不要用可以照見全身的鏡子，一定要用附有外框的鏡子。指紋或灰塵等污染物不要一直留著，應隨時擦拭乾淨。

◉剝製的標本為大凶的物品。佛像等與宗教有關的物品也不好。若是要擺「惠比壽」或「大黑天」等七福神的擺設品，則應選用笑容可掬的擺設品。一般的擺設品或雕刻品之類，要直接地裝置在牆壁上，不要擺在地板上。

◉高爾夫道具等休閒用品若隨意放置在玄關，則工作運就會下降。

◉摩托車或三輪車等車輛放置在玄關內部的房屋，請一定要一天拿到外面一次。

◉拖鞋架對狹窄的玄關而言是不必要的。另外，玄關腳墊若是只愛高級品，則小偷就會進來，或是增加討厭的客人。

34

解決婆媳問題

有人要求媳婦和婆婆像真正的親子一般地相處，諸如此類的事情，首先便是很勉強的。

因為，兩人的年齡層不同，生活的方式也不同。像這樣，根本就不必再多說，況且，事實上婆媳畢竟就是沒有血緣關係的陌生人。

從婆婆的眼光來看，媳婦是一個奪去可愛兒子的女性。

做媳婦的則認為，丈夫把自己丟在一旁和母親親暱地說說笑笑，不過是戀母情結作祟，為此責怪婆婆。

因此，婆媳戰爭其實是女人與女人之間的鬥爭。

話雖如此，但生活在同一個屋簷下，為了讓做媳婦的自己生活安定一點，就不應過於倔強、意氣用事，要彼此和睦相處才好。

二　分炊也無法解決婆媳問題

能創造婆媳之間融洽氣氛的最佳方法，是兩位家庭主婦（婆婆及媳婦）一起站在廚房裡做菜。媳婦對於前輩（婆婆）的一手好料理心存敬佩，婆婆則對後輩（媳婦）的料理多加讚美，彼此交換新鮮的經驗。

再者，做菜時可以拿從前的回憶或共同的男人（兒子或丈夫）作為話題，現在三代同堂的住宅非常流行，但若是婆媳之間相處不融洽，背道而馳地在一個家中弄出二個廚房，各自負責炊事的話，那是很不好的。

因為，如此的做法反而會疏離婆媳的關係，無法拉攏兩人的距離。

所謂的家庭，應該是以一個廚房調理食物，家人因一起吃著這些料理而加強彼此的聯繫。如此才能使一家人產生同舟共濟的夥伴意識。

在婆媳問題上，即使能瞭解其本質，但現實似乎是無法依照理想去做，婆媳兩方經常都是憑感覺行事，感情先於理智。現今有許多聰明的家庭主婦，而真正聰慧的媳婦就應充分地利用室內佈置，製造融洽的氣氛。

瓦斯爐的兩旁放置觀葉植物

首先，廚房和餐廳是分開的，而非廚房及餐廳兼用的類型，清楚地區隔出來最為理想。坐在餐桌上的位置，年長者以北側或西側為最佳方位，年輕夫婦則以東側或南側為最佳方位。

廚房要祭祀灶神，並請供上水及米。祭祀的場所，應分配在和祭祀神龕、佛壇的方位相同的方位（請參照「夫婦圓滿地安享晚年」一項）。

爐具及烤箱的旁邊裝飾著觀葉植物，並隨時保持清潔。瓦斯爐一旦很髒，就會成為夫婦爭吵的根源。另外，抽風機如果油膩膩地，那會招來鄰居奇怪的流言，婆媳之間也會生出嫌隙。

圍裙之類，以表現出紅色或黃色的活潑、有精神的顏色最為吉利，使用新做的東西也很好。

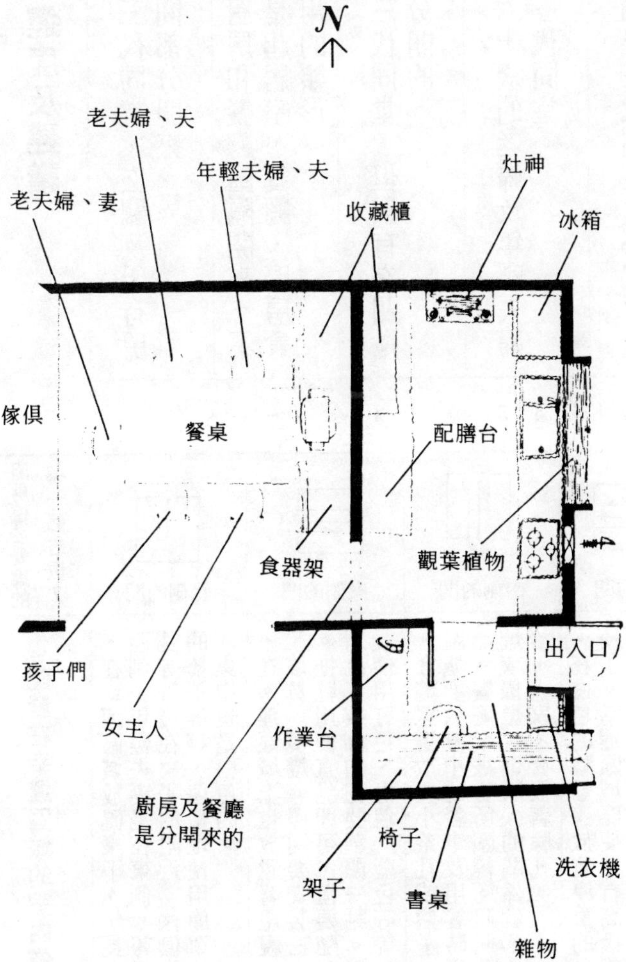
N
老夫婦、夫
年輕夫婦、夫
老夫婦、妻
灶神
收藏櫃
冰箱
傢俱
餐桌
配膳台
食器架
觀葉植物
出入口
孩子們
女主人
作業台
廚房及餐廳
是分開來的
椅子
洗衣機
架子
書桌
雜物

你的幸運度及建議

I	II	III	IV	V
三代同堂，玄關及所有房間都分開來。	廚房和餐廳區隔開來（不是起居室、餐廳、廚房兼用的類形）。	三代同堂，但只有玄關是分開的。	六十歲的老婦及年輕夫婦三代同堂。	如果三代同堂，那就會覺得目前的房屋過於狹窄。

YES的數目：　4～5＝○　2～3＝△　0～1＝×

廚房位於餐廳的哪一個方位？	北側的門	東側的門	南側的門	西側的門
	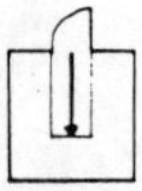	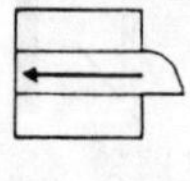	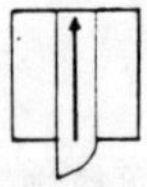	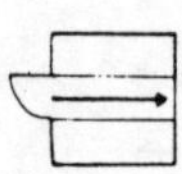
配置在幸運區域的室內佈置	・在幸運區域放置桌子。年長者坐在西側，年輕夫妻坐在東側。報紙或雜誌等等擺在桌子的附近。傢俱為白木的椅子等等，儘量地使用簡單的式樣。桌巾也是白色的。	・在幸運區域上也放置著電視、音響、爐具、檯燈。照明要安裝三處以上。拖鞋用便宜品即可，但要隨時更換新品。裝飾的花要華麗一點。用品擺設使用紅色、白色、藍色等等為主。	・在牆壁邊放置小茶几或盤子。幸運區域要放置小的餐車及用餐時用的物品。餐廳要被畫所圍繞。照明若用壁燈或檯燈，則家人的關係就不會不融洽，大家不會板著臉孔。	・在白色的牆壁邊放置厚重的桌子及椅子。幸運區域要使用有高級感的物品。花或水果經常交替地在此處作為裝飾。年長者坐在北側。桌巾使用淡粉紅色或黃色的製品。

35
順利地克服夫婦之間的危機

誠如瑪莉蓮夢露在電影《七年之癢》中所說的，人的緣份在一年、四年、七年時都會面臨變化。無論是什麼樣的夫婦，都會有一次或二次的危險時期來臨。如果夫婦彼此都不肯服輸，你一言我一句地互相指責，最後就會弄到反目成仇，要求分手，落到無可挽回的境地。

在從前，所謂的「七年之癢」原因幾乎都出在丈夫的一方。但最近女人也患上「七年之癢」，墜入情網的例子似乎愈來愈多。

及早注意、未雨綢繆，倒還能防範於未然，但若是任其發展，則可能陷入沼澤，無法自拔也無法收拾，而愈是相愛的夫婦，愈可能形成大風暴。在外人看來，兩人都是成熟的大人，應理智地看待問題。但事實上卻非如此，大家總是感情用事，以致一發不可收拾。

因此，要克服這樣的夫婦危機，圓滿地解

決問題，可以在室內佈置上作一些修改，設法挽救危機。不希望在分手之後才後悔的人，就請好好地閱讀下面所介紹的方法吧！

二 夜生活篇

夫婦寢室北側及南側的陳列擺設應多加注意。

◉北側具有司掌男女親密的愛情力量。男女之間的性愛與此一方位大有關係。檢查的重點如下：

・北側沒有放置與火有關的物品。菸灰缸或打火機也不可以放置在此處。
・如果有大的窗戶，那心靈及身體都會變得寂寞。
・裝潢的顏色，使用使人沈著鎮靜的顏色。不要用華麗、氣派的顏色。

◉南側隱藏著彼此互相激烈需要對方的能量。為了加強這一股能量，應注意下列幾點：

・南側不要放置與水有關東西。水槽、花瓶等等都不行。
・不要放置會發出聲音的物品。
・裝飾著風景畫，或是放置觀葉植物。也可以放置一對高度較高的檯燈。

除了注意以上的事項之外，還要將床鋪朝北放，兩旁擺白色的花。枕頭上面的牆壁要掛海的畫。順帶一提，床鋪當然是雙人床最好，但如果妳覺得到現在為止都因此而無法順利、圓滿，那麼，就放置兩張單人床或一張單人床，改變寢室的擺設。

二日常生活篇

夫婦之間的危險信號，是從彼此相對無言開始。所以，最好爭取兩人一起邊吃飯邊閒話家常的時間。

倘若只有兩入獨處時就無話可說的話，那麼就要在料理上多加用心，以此作為談話的重點，引出話題。對丈夫感到厭煩的妳，在為他準備料理時，可能就會再度回心轉意，將心思放在他身上。男方也是一樣，都是離不開性情好、做菜一流的女性。家人一起吃著用同樣的爐火烹飪出來的料理，可以增進親密感。

並且，大家圍在一起共進妳親手烹飪的料理的餐廳，也要作如下的佈置：

坐在桌子旁的位置，應如圖示去分配。如此一來，在用餐時自然地拉進了距離，使兩人的心合而為一。

電視要放置在全家人都容易看得見的位置。爐具、烤箱放置在由桌子伸手拿不到的位置，附近放置觀葉植物。還有，南側若擺一對植物，則可使兩人之間緊張的氣氛緩和下來。

拖鞋、餐具墊等小物品，不要使用華麗的原色。餐廳的西北側放置收藏架或書櫃等男主人用的物品。因為，西北是屬於表現「男主人」各方面的方位。

◉傢俱全都使用咖啡色系、簡潔素面的素材。其他的陳列擺設都要避免紅、藍、黃等原色及單調的顏色、設計。

餐廳的陳列擺設

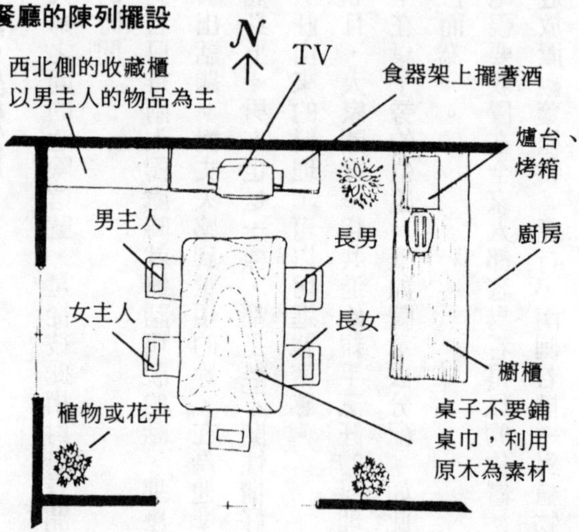

浴室的陳列擺設

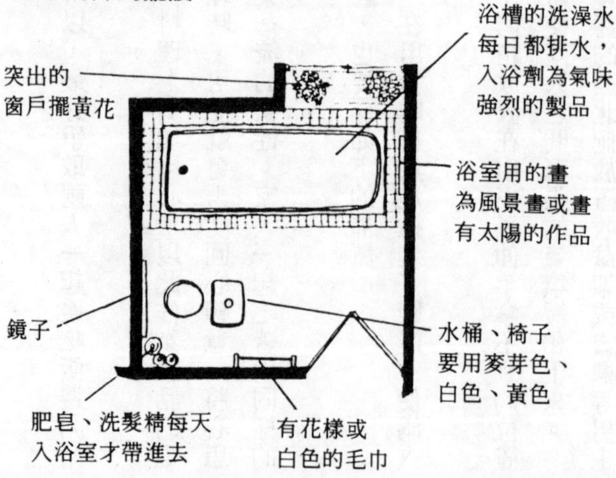

你的 幸運度及建議

I	II	III	IV	V
寢室的北側有小的窗戶（寬九十公分×高七十五公分以內）。	空調機及暖爐放置在面向房屋西側的位置。	浴缸的洗澡水每天最後入浴的人會放掉。	廚房不在西側。	為了先生設有放置著書桌而有書房感覺的角落。

YES的數目：　4～5＝○　2～3＝△　0～1＝×

寢室的門開向那一個方位？	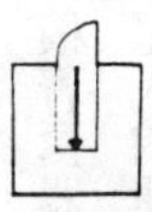 北側的門	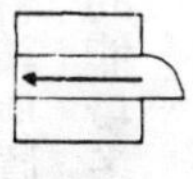 東側的門	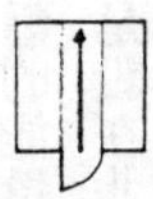 南側的門	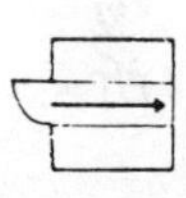 西側的門
配置在幸運區域的室內佈置	・床鋪放置在中央，朝向北側。在小茶几上裝飾著白色的花，門的附近掛著海的畫。寢室應禁菸。照明要黑暗一點。間接照明也很好。	・在幸運區域西側的牆壁擺電視及音響。把床鋪擺在中央，朝向東側。在電視上擺粉紅色的花。左右設置化妝室。門的附近要明亮。照明安裝在天花板及牆壁。	・在幸運區域北側的牆上放置電視及音響。在電視上擺白色的花。牆壁上掛海或湖的畫及時鐘。使用有花樣的床罩及綠色系的地毯。床鋪朝南或朝西放置。	・與水有關的物品全都要拿到外面。有水的畫或海邊的海報也都不行。在幸運區域擺桌子及二張椅子。設置兩人談話的場所。擺酒也很好。床鋪朝西而放，多多使用粉紅色的物品。

各種類別的室內佈置秘密

壁龕·露台、與水有關的場所

◉以前，壁龕正如字面的意思，是睡覺的地方。換句話說，它便是日本式的床鋪。如果有壁龕，那麼便可提昇房間沈著鎮靜的能量。目前，經常被作為客房之用。壁龕應設置在房間的西側，朝向東側，或是設在北側，朝向南側。

◉露台、陽台或樓廳是與外部相交的場所。在此處若是作為放置垃圾的地點，則幸運之氣就會在進入室內時被污染到。露台請放置椅子、桌子或觀葉植物，作為休閒的場所。即使多麼狹小的家，即使房屋的能量多麼紊亂，也多多少少能對凶的作用有所彌補。

◉廚房、浴室、廁所、洗臉檯等與水有關的空間，要確實地通風及換氣。浴缸如果經常積存著水，或是廚房的污水槽也堆積著食器，或是排水管阻塞不通，那麼都會影響到家庭主婦的肌膚。積水也左右了家人的運氣。在廚房祭祀著灶神，在廁所裡撒鹽，都是非常重要的。

36

與老年的夥伴們愉快地度日

當養兒育女、工作都告一段落，在年齡上及心情上都迎接「銀髮族」的來臨時，妳是否不知要如何愉快地度過剩餘的人生呢？

第一是仍很健康，第二是夫婦關係仍很良好，如果妳仍是雄心萬丈，想要做許多事情，並且擁有旺盛的好奇心的家庭，只要妳也擁有很好的夥伴、朋友的話，那麼快樂就會擴大為數倍，源源不斷而來。

諸如打槌球、開品茶會、去看戲劇、外出旅行等等，都是要有志同道合的朋友才更有趣。雖然丈夫、兒女、孫兒也都很重要，但真正能吐露肺腑之言、作交心之談的人，畢竟還是同年齡層、同性的朋友。

這樣的朋友可以到妳家來玩，或是互相拜訪，吃著可口的點心、喝喝茶，說一些貼己的知心話，然後互相關照，人生美事莫過於此。

雖然並非了不起的享受，但對於一個享有許多餘暇的年長家庭主婦而言，這是人生的一大樂趣。

一個家如果經常有人來玩，就會比較有生氣。但是，如果妳希望邀請人來玩卻沒有一個人來的話，那就有問題了。所以，最重要的是妳自己本身先成為吸引朋友來家中或至朋友家中拜訪，樂於親近的女性。

但朋友來家中時，而媳婦也在家的話，即使妳招待朋友在廚房角落的桌子上聊天，她們還是會覺得很不自在，無論多麼親近的朋友，大概都會覺得氣氛不對。

而且，偶爾在妳的房間或起居室招待朋友，奢侈地享受一番，媳婦及孫兒也會在一旁嘀咕，如此一來，妳用心地撐起的門面可能就要被糟蹋，使妳臉上無光。

二面朝玄關的右側是「升格」的位置

因此，我要介紹能招來好朋友的室內佈置，以及朋友都喜歡來家中玩的室內佈置。重點為玄關、招待室、客房及起居室。玄關及起居室是任何一個家庭都有的配置，但招待室及客房並不是每一個家庭都有的配置。

因此，在此我要以玄關及起居室的室內配置作為說明。如圖所示，起居室緊鄰著玄關，但請同樣也考慮兩者分開來的情形。

關於玄關，第一條件為鞋子之類不要散亂地擺放者，隨時都要收拾整齊。再者，玄關必須放置妳的鞋襪及妳所喜愛的用品。也就是說，要表現「這是妳的家」，首先在玄關上表現出特點是有必要的。

譬如，妳擁有茶道的執照的話，就在玄關掛上，會畫畫的畫，就掛上親筆畫的畫，對吟咏俳句或詩歌有興趣的話，則可以將自己中意的作品中的句子寫成短文，裝飾在牆壁上。

裝飾的場所，如果進入玄關的右側有鞋櫃，那就貼在其中，沒有鞋櫃的話，則貼在右側牆壁或正面。因為，「面向玄關的右側」具有「提高身份」的能量。

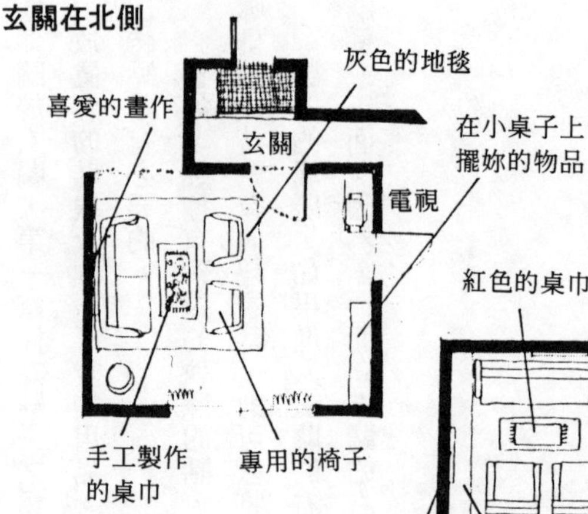
玄關在北側
N
灰色的地毯
喜愛的畫作
在小桌子上
擺妳的物品
玄關
電視
手工製作
的桌巾
專用的椅子

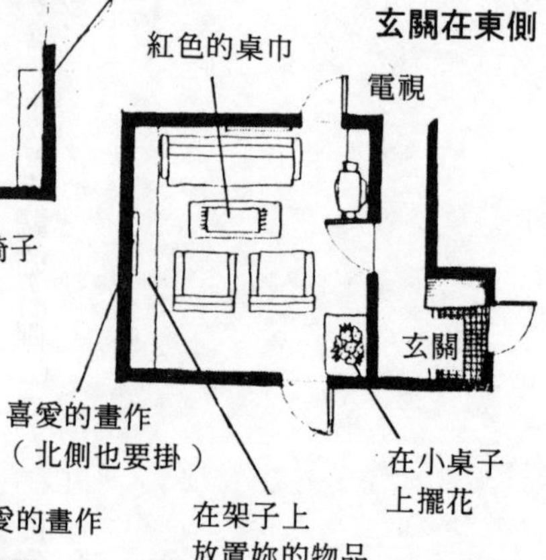
玄關在東側
紅色的桌巾
電視
玄關
喜愛的畫作
（北側也要掛）
在架子上
放置妳的物品
在小桌子
上擺花

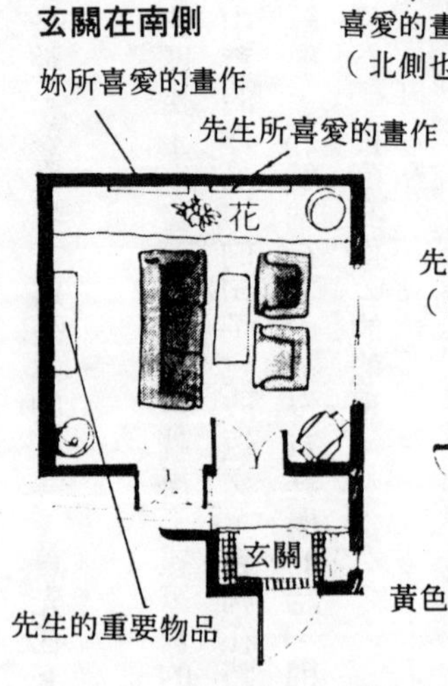
玄關在南側
妳所喜愛的畫作
先生所喜愛的畫作
花
玄關
先生的重要物品

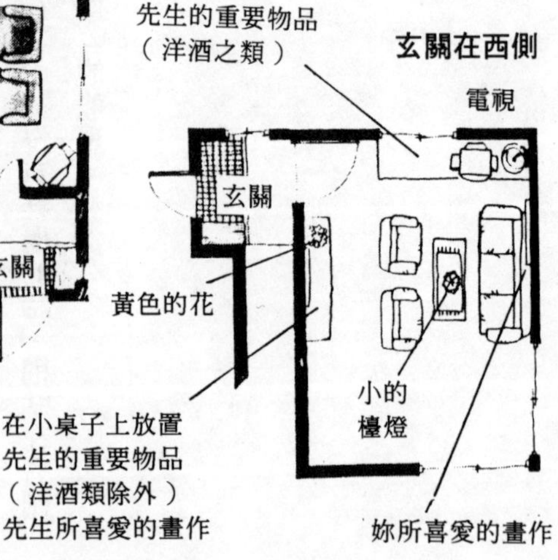
先生的重要物品
（洋酒之類）
玄關在西側
電視
玄關
黃色的花
小的
檯燈
在小桌子上放置
先生的重要物品
（洋酒類除外）
先生所喜愛的畫作
妳所喜愛的畫作

你的幸運度及建議

I	II	III	IV	V
玄關裝飾著從以前便很珍惜的繪畫作品。	玄關裝飾著手製的桌巾或妳所畫的畫等等。	木屐箱有一半以上放入妳們夫婦的鞋子及拖鞋等等。	玄關的緊鄰有客廳，可以隨時都不受拘束地使用。	客廳或招待室裝飾著妳很珍視的繪畫作品、畫軸或擺設品。

YES的數目：　4～5＝○　2～3＝△　0～1＝×

玄關的門開向哪一個方位？	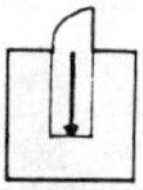 北側的門	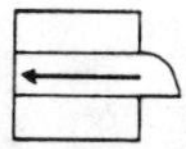 東側的門	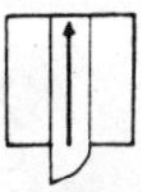 南側的門	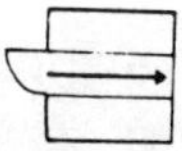 西側的門
配置在幸運區域的室內佈置	・在幸運區域放置妳的鞋類，玄關鋪上妳所買的腳墊。正面的牆壁上裝飾著妳所喜愛的畫。	・進入玄關的右側若有木屐箱，則上面隨時要以手勾的縷空墊子及裝了三朵粉紅色的花的水晶花瓶。牆壁上要掛妳所喜歡的畫或詩。	・在幸運區域上放置妳或男主人的擺設品、畫、版畫等等。窗戶裝上灰色的窗簾（光是窗戶也可以）。鞋櫃上面放置妳旅行時所買回的木製擺設品。	・塑造符合年齡的、令人沈穩的玄關。妳及男主人所有的畫軸以聚光燈去照射也可以。統一使用茶色系的室內陳列擺設才好。

37

永保健康且不罹患老年痴呆症

只要觀看電視受歡迎的白天節目，經常可以看到以「健康法」及「老年痴呆症」為主題的節目。

這些節目大都以「人人可做」、「立即見效」的「○○式健康」為號召。

這些節目之所以大受歡迎，乃是因為節目都由在這方面享有聲譽的人來主持，而且成為長久以來持續地關注的家庭主婦階層日常的興趣的問題，被作為每天的主題，而其代表性的主題，是「健康」及「老年痴呆症」。

室內裝潢法的即效性雖然比不上「○○式健康法」，但在確實有效這一點上，卻凌駕其上。

第一，它不過是活動身體筋骨而已，並不會對身體造成傷害。它一點一點地對居住其中的人產生房屋的力量。

二「吃剛上市的食物時……」

健康是以愉快的飲食、愉快的睡眠為基本要件。所謂愉快的飲食，並不僅是吃妳所喜歡的食物即可，從飲食之中吸收「氣」也是很重要的一點。

所謂的「氣」，是指被蘊含於食品（植物等等）之中的力量而言，人在進食時，其實便具有為了吸收這一股力量而吃的意義。

現代人吃東西並不一定依照季節，也就是有某季節特別要吃某種東西，以吃剛上市的食物為樂的習慣。事實上，這種習慣便是為了吸收剛發芽的植物的年輕氣息。

至於如何不破壞內藏於食物的活潑朝氣，調理出可口的料理讓家人食用，那就要看每個家庭主婦的能耐了。但是，無論是再高明的烹飪高手，除了加入適合的調料味，利用盛產來做菜之外，關於如何去利用食物所含有的「氣」，恐怕很多家庭主婦都要豎起白旗投降了。為什麼？因為，這樣的事情任何人都無法為妳教授。

有一句諺語說：「吃剛上市的東西時，要朝東大聲笑三回。」這句話正可以作為吸收食物之氣的訣竅。

事實上，朝東方位大聲笑三回，這便是要製造帶來活力泉源的氣。如果在妳的家中東側的房屋進食，那就蘊藏著使食物活性化的能量。在東側的廚房，家庭主婦若是一邊笑著，一邊調理三餐，而家人也在東側的餐廳早、午、晚三次聚在一起，快樂地吃飯的話，那便是使身體有活力的最佳方法。這便真正能獲得愉快的飲事的方法。

二日沒司掌愉快的睡眠的力量

其次，各位不知是否知道，很難好好地入眠的人容易罹患老年痴呆症？因為，讓腦部休息便是防止老年痴呆症最重要的一點，腦部經常轉動、思考的人或從事於用腦工作的人，之所以比較早罹患老年痴呆症，便是因為用腦之後未充分地休息，未遵循良好睡眠的原則。這並非意味著只要睡眠時間夠長即可。充實的睡眠，一定要適度才行。

人在日出時起床、日沒時就寢最為理想，司掌愉快的睡眠的力量，實際上即在於日沒的方位，也就是西方位。自古以來，日本人即祭祀西山的祖先，夜晚則要頭朝向西膜拜一下才就寢。在西這個方位上，具有使人的身體、頭腦及靈魂得到充分休息的氣。因此，寢室務必要配置在西側，使此處成為愉快睡眠的來源。

東側有廚房及餐廳，而西側有寢室的話，則妳便可永保健康，和老年痴呆症絕緣，過著快樂的人生。

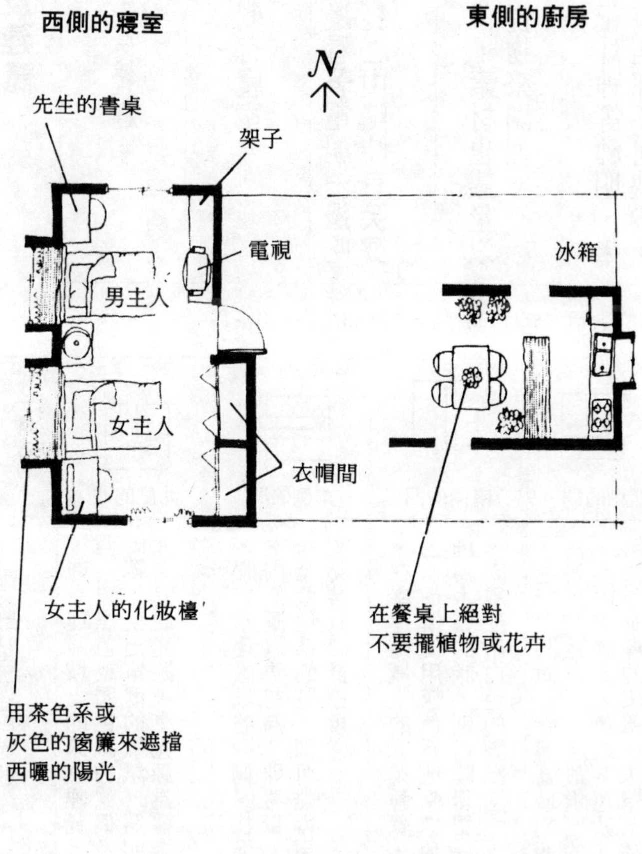
西側的寢室
東側的廚房
N
先生的書桌
架子
電視
冰箱
男主人
女主人
衣帽間
女主人的化妝檯
在餐桌上絕對
不要擺植物或花卉
用茶色系或
灰色的窗簾來遮擋
西曬的陽光

你的幸運度及建議

Ⅰ	Ⅱ	Ⅲ	Ⅳ	Ⅴ
家的東側有餐廳。	家的西側有寢室。	因為一邊看著電視一邊吃飯，用餐之中隨時有笑聲。	喜歡做菜，素材也儘量以當令的食物來調理。	廚房祭祀灶神等神明，米及鹽等東西都不可缺少。

YES的數目：　4～5＝○　2～3＝△　0～1＝×

寢室的門開向哪一個方位？	北側的門	東側的門	南側的門	西側的門
	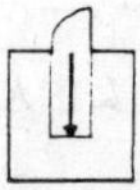	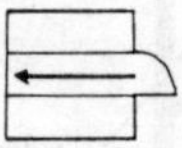	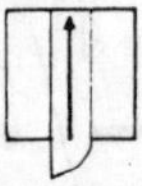	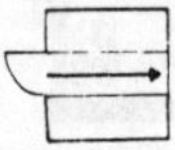
配置在幸運區域的室內佈置	・在幸運區域上的床鋪睡覺，枕頭朝西。以黑色或暗色調的傢俱及床單、床罩呈現出寧靜的氣氛。照明以天花板為輔助光源，主光源為檯燈或壁燈。	・睡在幸運區域的西側，枕頭朝西。室內佈置以防音為特殊考量。顏色統一為藍色系的話，則可睡得更好。照明為裝置二盞檯燈。	・在幸運區域上的床鋪睡覺，枕頭朝西。傢俱使用灰色系或暗棕色系。床鋪為木質的話，則可睡得更好。床單、床罩使用白色的製品。	・避開大門而在幸運區域的西側睡覺。朝北而睡也可以。最重要的是遮光。室內佈置為米色或茶色系。避免使用顏色華麗的床單、床罩。隨時裝飾著花卉。

38

退休之後不必擔心經濟問題

年紀一大的人，就不能像從前那樣對家人有所貢獻，事實上，如果妳要活得悠遊自在，不會有芒刺在背的感覺，那畢竟需要有一點錢在身邊。

雖然我講這些話有些唐突，但事實上，如果沒有錢的話，那麼媳婦或孫子等周遭的人都不會有好臉色，要想讓他們對妳熱絡一點，是不太可能的。

但妳也不想年老了過著這種拘拘束束而難過的日子吧，甚至年老了還向兒子要零用錢來生活，這樣的生活實在是無聊到極點了。而且，即使妳有年金或保險，但誰知會發生什麼意外狀況，讓妳掌握不住呢？

因此，為了年老之後在經濟方面沒有後顧之憂起見，那就必需有下面的三項因應對策。

年老之後也要有一定的收入

人到了某種程度的年齡之後，如果知道有固定的收入，那麼不但生活上比較安定，同時也能獲得周圍人們的信任。為此，妳或妳的先生必須仍站在工作崗位上，也有收入。

換句話說，妳要確定妳們兩人仍像經營者、商店的負責人（即使名義上的也無妨）一樣，擁有一定的收入，這一點非常重要。因此，請參考「走上事業家的道路」及「讓丈夫脫離上班族行列獨立創業」等項。

不被兒子及女兒說嫌話

第二，想要兒子及女兒不擺臉色給妳看，那麼就要作個有福氣的老太太，讓兒子及女兒給妳零用錢時不會一副嫌惡的樣子。如果妳必須靠孩子供給零用錢來過活，那麼請看一看「解決婆媳問題」。

讓財運持續下去

第三，從年輕時代就要有計劃地儲蓄，以便年老之後不必為金錢問題擔心，過著富裕的生活。無論儲蓄多少，總是要預作準備。想從年輕時代開始為年老之後儲蓄金錢的話，請參照「讓財運亨通」、「善加儲蓄私房錢」、「擁有自己的房屋」等項。

具備以上三項要素之後，妳就可以不必擔心退休之後的經濟問題了。

但是，一般人都不完全具備上述的三個條件，不是缺少這一個便是缺少那一個。因此，為此而煩的人還算不少。

年輕的妳，如果想要將來過著不為錢愁的隱居生活，那麼就要在室內佈置上作一番大運動。因為，如果妳年紀已經一大把了，那還是有辦法有某些改變。只要在室內佈置稍加用心，便可抓住原本屬於妳的運氣。

為了兒女及孫兒，可以祈求神明的保護、庇佑，並請培養成為有自尊、風風光光地度過人生最後階段的心態。

◉二間相連的房間（尤其是和室）

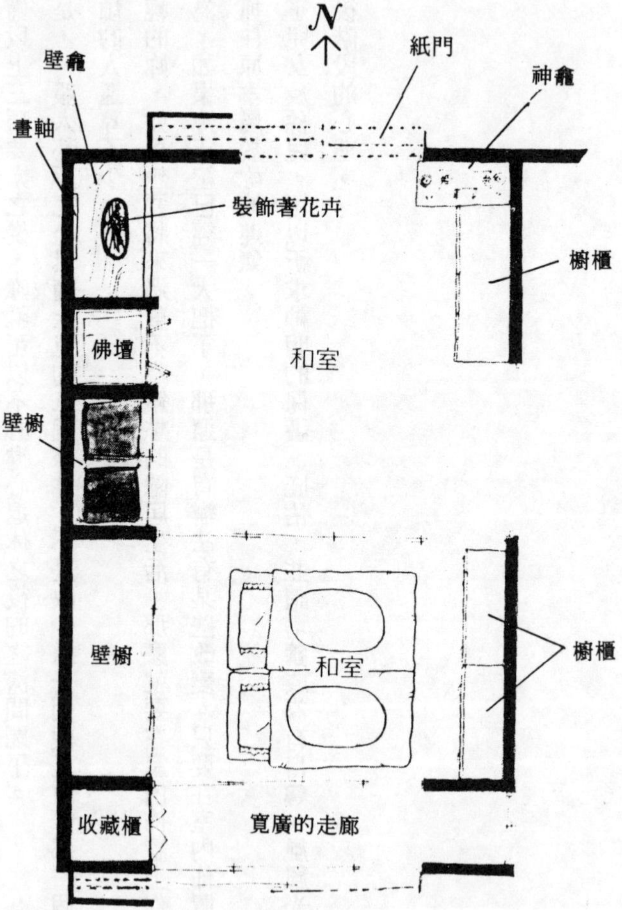

你的幸運度及建議

I	II	III	IV	V
家中必定祭祀著神龕或佛壇。	擁有妳所專用、附有壁龕的房間。	妳的房間位於家中西側，且成為二間相連的形式。	在西曬陽光強烈的房間起床、就寢。	有附有寬敞走廊的房間或可以擺沙發及桌子那樣的角落等場所的西式房間。

YES的數目：　4～5＝○　2～3＝△　0～1＝×

妳的房間（客廳、飲茶室）為何方位？	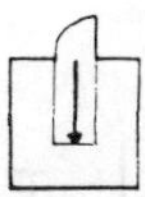 北側的門	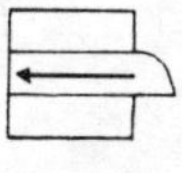 東側的門	 南側的門	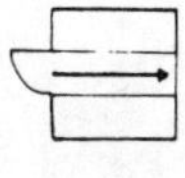 西側的門
配置在幸運區域的室內佈置	・在西側牆壁上設置神龕或佛壇。幸運區域內要擺矮桌。座墊方面冬天為綠色系、純絹布的布面。夏天則為淡綠色的麻布的布面。照明安裝在中央的桌子上方。妳要坐在門的旁邊。	・在幸運區域西側的牆壁上設置神龕或佛壇。有窗則要用米色系的窗簾。有和室的話，則一定要裝上紙門。幸運區域若有壁龕，那就要掛水墨的山水畫幅。隨時裝飾著花卉也很好。	・在幸運區域北側的牆壁上設置神龕或佛壇。幸運區域的中央若有和室，那就擺上矮桌及二個坐墊。坐墊冬天用紫色的純絹布。夏天用水色系的麻布。桌子上中央鋪著白色縷空的桌巾。	・北側的牆壁上設置神龕或佛壇。沒有的話，那就要擺上由附近的神社求來的神符或符咒。幸運區域的東側放置電視及櫥櫃，門的附近則擺裝飾架，以茶器或咖啡杯等等作為裝飾。

各種類別的室內佈置秘密

凹進及凸出

房屋或房間的形狀，通常都不會恰好是正方形或長方形，總是有凹進或凸出的部位等情形。此時，凹進（缺口）的情形會降低其所在的部位的能量，凸出（外突）的情形則會提高其所在的部位的能量，在室內裝潢佈置上應考慮這一點。

定義上雖然稍微難懂一點，無論是凸出或凹進，縱橫兩方的邊，僅僅指房屋的各邊三分之一之下的長度而言。

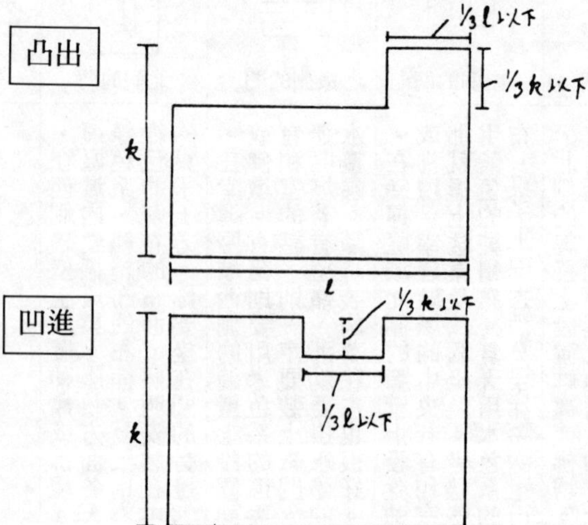

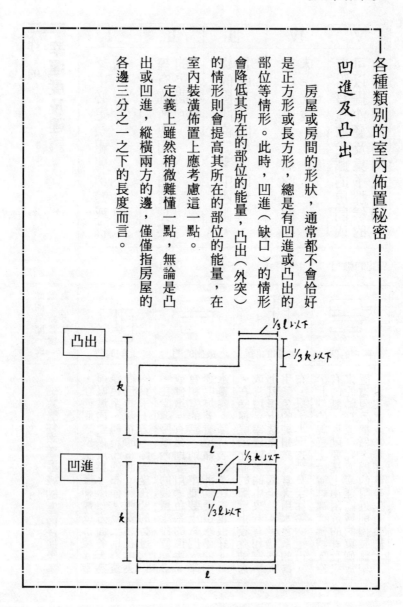

39

在繼承問題上兒女不會有糾紛

父母亡故當然是非常悲哀的事情，但父母逝世時所留下的最大問題，便是父母所遺留下來的財產的繼承問題。

在大都市裡，由於土地異常昂貴，因此家中的每一個份子都會意識到繼承問題，希望能分得一杯羹。

如果大家都能互相諒解，並克制自己的私慾，那麼在分財產時便可平安無事。但倘若父親逝世了而母親仍健在時，則很可能引起糾紛，也有不少例子是兄弟姊妹的關係破裂殆盡，大家形同仇人。

在繼承問題上，兒女們的想法當然是很重要的，但做父母的有時難免有所偏袒，還自認很公平，結果，好不容易維持的和樂局面，很可能就此四分五裂。

在鬼門有凹進或凸出的部位

財產繼承的力量，即在於鬼門（東北）。家中的鬼門方位如果有凹進的部位，或反過來大大的凸出的部位的話，那麼就會出現發生繼承的糾紛的機率高達七十％以上的結果。

此時的改善方案，若是有凹進的部位，則凹進的場所應放置二盆高約一•八公尺左右的盆栽。若是鬼門有凸出的部位，則西北側及東南側要各放一盆盆栽。

西北側有與水有關的場所時

西北側如果有浴室及廁所，那麼繼承的糾紛也會呈現出長期持續不輟的結果。鬼門及西北側一旦有這樣的格局時，就會導致一家人因繼承的糾紛而陷入不幸的局面。

倘若妳家有這樣的房屋格局，那麼被繼承人（丈夫或妳）的房屋應配置在家中正北——正南這一條連結線的西側。

關於寢室的對策

還有，請依照如下幾點去佈置妳的寢室。

◉床鋪靠西擺設，枕頭朝西而睡。在西側的牆壁上裝飾著畫。如此便可使妳不產生無聊、可笑的偏見。

◉電視、時鐘要靠東放，東北側以白色的花作為裝飾。如此可使妳有看清楚狀況的眼光及不致跟不上時代。另外，也可以看清楚繼承人的輕重份量。

◉整體的室內佈置，請使用暗色調而令人有沈著穩定感的顏色，形成統一感。如此一來，妳就不會對兒女作出錯誤的判斷。

◉遮雨棚不要忘記關上。如此一來，妳就不會受到外人的閒言閒語，或依賴法律來解決問題了。如此做是為了明確地確立各個家庭的繼承共識。

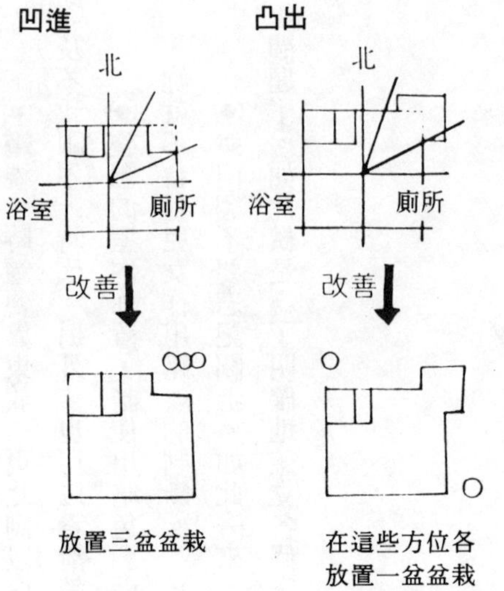

◉妳家的鬼門（東北）有凹進、凸出的部位時，請依照圖示放置盆栽（高1.8公尺）加以改善。

◉無論是什麼樣的家，家中南北側的中心到西側應分配給年長者。

◉裝潢以黑色調爲主。

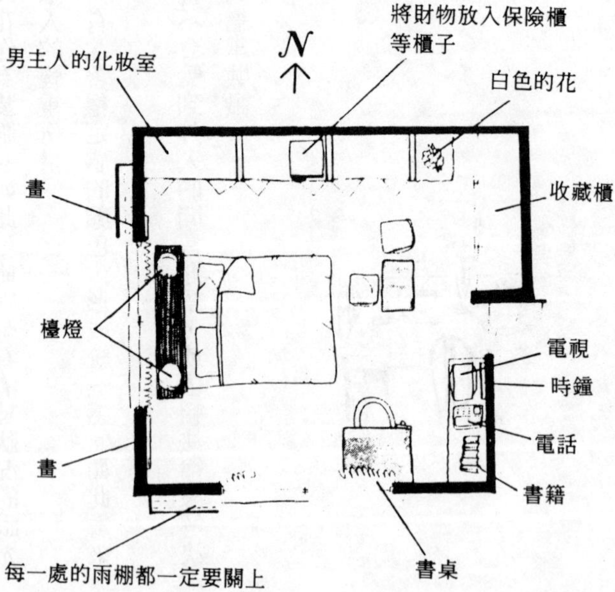

你的幸運度及建議

I	II	III	IV	V
有可繼承的財產。	鬼門的方位或東南方位有廚房、浴室、廁所等與水有關。	西北方位有附有壁龕的和室。	和房屋的寬敞度相較，玄關顯得狹窄。	年長者的房間陽光充足，孩子及年輕夫婦的房間則向陽性不佳。

YES的數目：　4～5＝○　2～3＝△　0～1＝×

被繼承人房屋的門為何方位？	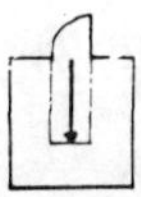 北側的門	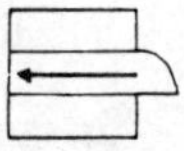 東側的門	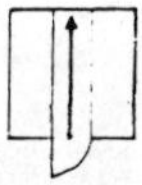 南側的門	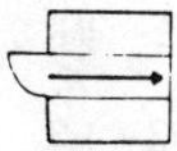 西側的門
配置在幸運區域的室內佈置	・在幸運區域的中央放置可坐四人以上的桌子。坐墊也要鋪上。門的附近要設置收藏物品的空間。東側的牆上掛兒女或孫兒的照片，南面的牆上掛畫。西側有畫軸或獎杯就更好了。	・在幸運區域上的被褥及床鋪上睡覺，枕頭朝西。保險櫃或衣物放在北側。南側擺桌子，在此處從事有興趣的休閒。在幸運區域的西側擺喜愛的陶器及畫，門的附近則擺電話。	・在幸運區域北側的牆壁放置保險櫃之類，以管理財產。書桌及櫥櫃類全都放在北側。東側放置電視及茶具櫃。西側若有窗戶，則使用茶色系的窗簾，若有和室，則用紙門遮光。	・在談論有關財產的問題時，大家都要坐在幸運區域上。在東側的牆壁放置書桌及收藏用傢俱以管理財產。西側大門附近擺小幅的畫及花。南側放置書籍類，北側則放置櫥櫃。

40

夫婦圓滿地安享晚年

在完成養兒育女的責任而能略事休息時，妳希望什麼樣的生活呢？

是不是今後也要守著家來過日子？

或者仍繼續工作來打發日子？

將來是要依靠各有發展的兒女生活嗎？

妳的興趣又是什麼？

不管怎樣說，丈夫與妳一起攜手走過漫長的人生，今後也要與他保持良好的關係。

在心情上，雖然彼此要有各自的天堂，獨立地走在自己的人生道路上，但如果妳們兩人擁有共同的興趣或話題，也有共同的目的，另外兩人又有好整以暇地談心的機會的話，那是再好不過了。

要能做到這樣的理想目標，那就要擁有室內佈置全體都很均衡的良好房屋，也就是所謂的「吉屋」，而家中具有讓夫婦兩人談話的空間，也是條件之一。

另外，這也是最重要的事情：家中有可以感謝神、佛的空間，也就是說，在家中的某處祭祀著神龕或佛壇。

祭祀神龕或佛壇的場所

在家中何處祭祀神龕或佛壇好呢？為此而煩惱的人似乎蠻多的。就場所而言，應在房屋的中央，或位於西北、西、北、西南等方位的房間，將神龕或佛壇設置在面對直射日光照射的場所。但是，如果可以的話應避免設置在房屋出入口的上部，或緊鄰著廁所。

面向何方位的神龕或佛壇也是一個重要的問題。普通而言，放置在西北側而面向東南側，放置在西側面向東側，放置在北側而面向南側。基本上，朝西或朝北這樣的配置是不好的，最好不要做。

另外，房間的上層若有起居室、寢室的話，那麼設有神龕或佛壇的房間天花板的部份，要貼上寫有「雲」字的條子。

創造夫婦談話的空間

關於妳們夫婦兩人談話的空間，即使狹窄一點也無妨，一定要設置兩人可以輕輕鬆鬆地聊天談心的空間。

如圖所示，在與寢室相連的寬敞走廊上放置桌子及椅子，如果擁有可以一邊觀賞庭院一邊談話的空間，那就再好不過了。

在寢室裡，放置先生的桌子及妳的桌子。先生的桌子要朝西放置，妳的桌子則朝東而放，桌子上面及附近，以花卉或觀葉植物作為裝飾。

室內佈置的顏色，以苔綠色或米色系等等為佳。

在這間寢室裡祭祀著佛壇或神龕也沒有關係。

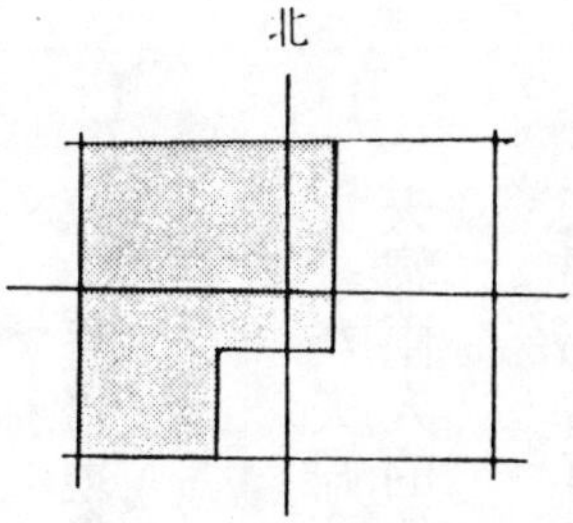

◉右圖的斜線部份是祭祀神明的良好空間（位於家中西北、北、西、西南等方位的房間）。
◉神龕或佛壇應配置在朝東、東南、南等方位。

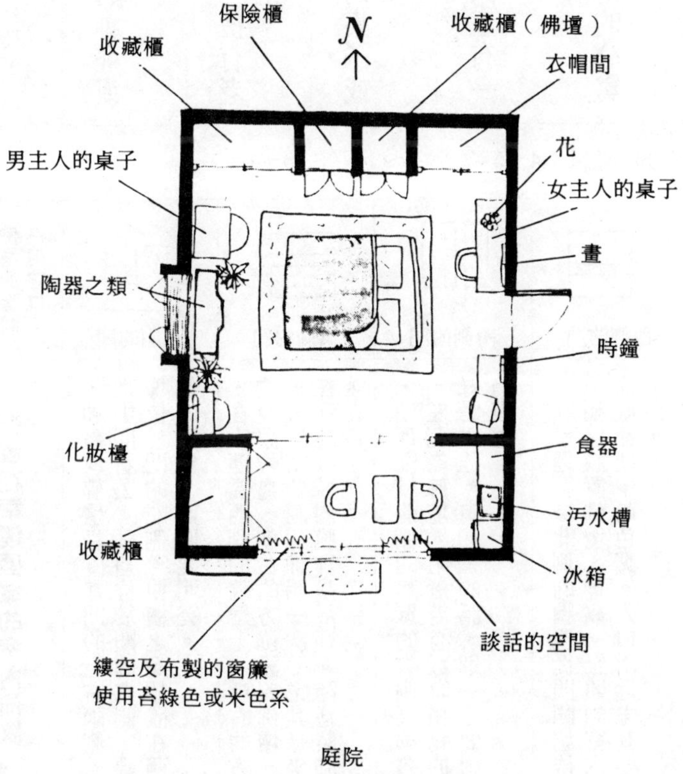

你的幸運度及建議

I	II	III	IV	V
家中整齊地祭祀著神龕或佛壇。	與子女夫婦不同，擁有老夫婦兩人的飲茶室。	夫婦都各有專用的桌子或附有寫字檯的書櫃。	客廳或兩人的飲茶室有一方為和室。	擁有別墅或休閒用的公寓。

YES的數目：4～5＝○　2～3＝△　0～1＝×

祭祀神龕或佛壇的房間為何方位？	 北側的門	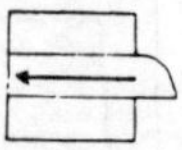 東側的門	 南側的門	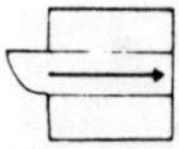 西側的門
配置在幸運區域的室內佈置	・神龕或佛壇設置在門的左右兩側。從中間看去，神龕位於門的右側，佛壇位於門的左側。櫥櫃之類放置在西側的牆壁。照明要明亮。	・在幸運區西側的牆壁上，朝右的方位設置神龕，朝左的方位設置佛壇。一天一定要膜拜神明一次。尤其是坐在幸運區域內膜拜是最好。隨時裝飾著花卉。	・幸運區域北側的牆壁的右側為神龕，左側為佛壇。附近若有觀葉植物的綠意尤佳。有和室的話，則一定要附有壁龕。	・在幸運區域北側的牆壁從門開始依照順序設置佛壇、神龕。全體的室內佈置都使用暗色調。入口附近尤其要明亮。

後序

有人說室內佈置是符合時代潮流，非常好的題材。也有人說：「這是一個很好的著眼點。」至於我本身，並不是想標新立異，而是基於長年所研究的風水地理的陽基論而確立了「倘若給予人們良好的環境，則任何人都會變得幸福」的理論，並藉著觀察世界上幸福的人們的室內佈置及住宅來作為見證，因此想發表我的心得。

我之所以發表本書的內容，便是站在這樣的立場。用「目前的流行浪潮」這樣的說法，本身便有些奇怪，在日本，打從卑彌呼時代開始「占卜」就很流行了，現在可以稱之為第 χ 次的占卜風潮，室內佈置也有相同的感覺，每一個時代有每一個時代的流行浪潮。

談論風水地理問題，也是基於「為了讓人們的生活變得更加幸福」的立場。也就是說，只要懂得善加利用在我們周遭的所有環境，便可抓住幸運。居家的格局、庭院、大門等等，以及室內的陳列擺設，當然都是為了抓住幸運而具備的道具。自古以來，這樣的智慧實際上已廣被人們所利用。

一級建築士
工學博士　小林　祥晃

大展出版社有限公司 品冠文化出版社	圖書目錄

地址：台北市北投區(石牌)
致遠一路二段12巷1號
電話：(02)28236031
28236033
郵撥：0166955～1
傳真：(02)28272069

·法律專欄連載·大展編號58

台大法學院 法律學系／策劃
法律服務社／編著

1. 別讓您的權利睡著了(1)		200元
2. 別讓您的權利睡著了(2)		200元

·武術特輯·大展編號10

1. 陳式太極拳入門	馮志強編著	180元
2. 武式太極拳	郝少如編著	200元
3. 練功十八法入門	蕭京凌編著	120元
4. 教門長拳	蕭京凌編著	150元
5. 跆拳道	蕭京凌編譯	180元
6. 正傳合氣道	程曉鈴譯	200元
7. 圖解雙節棍	陳銘遠著	150元
8. 格鬥空手道	鄭旭旭編著	200元
9. 實用跆拳道	陳國榮編著	200元
10. 武術初學指南	李文英、解守德編著	250元
11. 泰國拳	陳國榮著	180元
12. 中國式摔跤	黃 斌編著	180元
13. 太極劍入門	李德印編著	180元
14. 太極拳運動	運動司編	250元
15. 太極拳譜	清・王宗岳等著	280元
16. 散手初學	冷 峰編著	200元
17. 南拳	朱瑞琪編著	180元
18. 吳式太極劍	王培生著	200元
19. 太極拳健身與技擊	王培生著	250元
20. 秘傳武當八卦掌	狄兆龍著	250元
21. 太極拳論譚	沈 壽著	250元
22. 陳式太極拳技擊法	馬 虹著	250元
23. 二十四式／三十二式 太極拳／劍	闞桂香著	180元
24. 楊式秘傳129式太極長拳	張楚全著	280元
25. 楊式太極拳架詳解	林炳堯著	280元

26. 華佗五禽劍	劉時榮著	180 元
27. 太極拳基礎講座：基本功與簡化 24 式	李德印著	250 元
28. 武式太極拳精華	薛乃印著	200 元
29. 陳式太極拳拳理闡微	馬　虹著	350 元
30. 陳式太極拳體用全書	馬　虹著	400 元
31. 張三豐太極拳	陳占奎著	200 元
32. 中國太極推手	張　山主編	300 元
33. 48 式太極拳入門	門惠豐編著	220 元
34. 太極拳奇人奇功	嚴翰秀編著	250 元
35. 心意門秘籍	李新民編著	220 元
36. 三才門乾坤戊己功	王培生編著	元
37. 武式太極劍精華 +VCD	薛乃印編著	元
38. 楊式太極拳	傅鐘文演述	元

・原地太極拳系列・大展編號 11

1. 原地綜合太極拳 24 式	胡啓賢創編	220 元
2. 原地活步太極拳 42 式	胡啓賢創編	200 元
3. 原地簡化太極拳 24 式	胡啓賢創編	200 元
4. 原地太極拳 12 式	胡啓賢創編	200 元

・道 學 文 化・大展編號 12

1. 道在養生：道教長壽術	郝　勤等著	250 元
2. 龍虎丹道：道教內丹術	郝　勤著	300 元
3. 天上人間：道教神仙譜系	黃德海著	250 元
4. 步罡踏斗：道教祭禮儀典	張澤洪著	250 元
5. 道醫窺秘：道教醫學康復術	王慶餘等著	250 元
6. 勸善成仙：道教生命倫理	李　剛著	250 元
7. 洞天福地：道教宮觀勝境	沙銘壽著	250 元
8. 青詞碧簫：道教文學藝術	楊光文等著	250 元
9. 沈博絕麗：道教格言精粹	朱耕發等著	250 元

・秘傳占卜系列・大展編號 14

1. 手相術	淺野八郎著	180 元
2. 人相術	淺野八郎著	180 元
3. 西洋占星術	淺野八郎著	180 元
4. 中國神奇占卜	淺野八郎著	150 元
5. 夢判斷	淺野八郎著	150 元
6. 前世、來世占卜	淺野八郎著	150 元
7. 法國式血型學	淺野八郎著	150 元
8. 靈感、符咒學	淺野八郎著	150 元

9.	紙牌占卜學	淺野八郎著	150 元
10.	ESP 超能力占卜	淺野八郎著	150 元
11.	猶太數的秘術	淺野八郎著	150 元
12.	新心理測驗	淺野八郎著	160 元
13.	塔羅牌預言秘法	淺野八郎著	200 元

・趣味心理講座・大展編號 15

1.	性格測驗　探索男與女	淺野八郎著	140 元
2.	性格測驗　透視人心奧秘	淺野八郎著	140 元
3.	性格測驗　發現陌生的自己	淺野八郎著	140 元
4.	性格測驗　發現你的真面目	淺野八郎著	140 元
5.	性格測驗　讓你們吃驚	淺野八郎著	140 元
6.	性格測驗　洞穿心理盲點	淺野八郎著	140 元
7.	性格測驗　探索對方心理	淺野八郎著	140 元
8.	性格測驗　由吃認識自己	淺野八郎著	160 元
9.	性格測驗　戀愛知多少	淺野八郎著	160 元
10.	性格測驗　由裝扮瞭解人心	淺野八郎著	160 元
11.	性格測驗　敲開內心玄機	淺野八郎著	140 元
12.	性格測驗　透視你的未來	淺野八郎著	160 元
13.	血型與你的一生	淺野八郎著	160 元
14.	趣味推理遊戲	淺野八郎著	160 元
15.	行爲語言解析	淺野八郎著	160 元

・婦 幼 天 地・大展編號 16

1.	八萬人減肥成果	黃靜香譯	180 元
2.	三分鐘減肥體操	楊鴻儒譯	150 元
3.	窈窕淑女美髮秘訣	柯素娥譯	130 元
4.	使妳更迷人	成　玉譯	130 元
5.	女性的更年期	官舒妍編譯	160 元
6.	胎內育兒法	李玉瓊編譯	150 元
7.	早產兒袋鼠式護理	唐岱蘭譯	200 元
8.	初次懷孕與生產	婦幼天地編譯組	180 元
9.	初次育兒 12 個月	婦幼天地編譯組	180 元
10.	斷乳食與幼兒食	婦幼天地編譯組	180 元
11.	培養幼兒能力與性向	婦幼天地編譯組	180 元
12.	培養幼兒創造力的玩具與遊戲	婦幼天地編譯組	180 元
13.	幼兒的症狀與疾病	婦幼天地編譯組	180 元
14.	腿部苗條健美法	婦幼天地編譯組	180 元
15.	女性腰痛別忽視	婦幼天地編譯組	150 元
16.	舒展身心體操術	李玉瓊編譯	130 元
17.	三分鐘臉部體操	趙薇妮著	160 元

18. 生動的笑容表情術	趙薇妮著	160 元
19. 心曠神怡減肥法	川津祐介著	130 元
20. 內衣使妳更美麗	陳玄茹譯	130 元
21. 瑜伽美姿美容	黃靜香編著	180 元
22. 高雅女性裝扮學	陳珮玲譯	180 元
23. 蠶糞肌膚美顏法	梨秀子著	160 元
24. 認識妳的身體	李玉瓊譯	160 元
25. 產後恢復苗條體態	居理安・芙萊喬著	200 元
26. 正確護髮美容法	山崎伊久江著	180 元
27. 安琪拉美姿養生學	安琪拉蘭斯博瑞著	180 元
28. 女體性醫學剖析	增田豐著	220 元
29. 懷孕與生產剖析	岡部綾子著	180 元
30. 斷奶後的健康育兒	東城百合子著	220 元
31. 引出孩子幹勁的責罵藝術	多湖輝著	170 元
32. 培養孩子獨立的藝術	多湖輝著	170 元
33. 子宮肌瘤與卵巢囊腫	陳秀琳編著	180 元
34. 下半身減肥法	納他夏・史達賓著	180 元
35. 女性自然美容法	吳雅菁編著	180 元
36. 再也不發胖	池園悅太郎著	170 元
37. 生男生女控制術	中垣勝裕著	220 元
38. 使妳的肌膚更亮麗	楊　皓編著	170 元
39. 臉部輪廓變美	芝崎義夫著	180 元
40. 斑點、皺紋自己治療	高須克彌著	180 元
41. 面皰自己治療	伊藤雄康著	180 元
42. 隨心所欲瘦身冥想法	原久子著	180 元
43. 胎兒革命	鈴木丈織著	180 元
44. NS 磁氣平衡法塑造窈窕奇蹟	古屋和江著	180 元
45. 享瘦從腳開始	山田陽子著	180 元
46. 小改變瘦 4 公斤	宮本裕子著	180 元
47. 軟管減肥瘦身	高橋輝男著	180 元
48. 海藻精神秘美容法	劉名揚編著	180 元
49. 肌膚保養與脫毛	鈴木真理著	180 元
50. 10 天減肥 3 公斤	彤雲編輯組	180 元
51. 穿出自己的品味	西村玲子著	280 元
52. 小孩髮型設計	李芳黛譯	250 元

・青 春 天 地・大展編號 17

1. A 血型與星座	柯素娥編譯	160 元
2. B 血型與星座	柯素娥編譯	160 元
3. O 血型與星座	柯素娥編譯	160 元
4. AB 血型與星座	柯素娥編譯	120 元
5. 青春期性教室	呂貴嵐編譯	130 元
7. 難解數學破題	宋釗宜編譯	130 元

9. 小論文寫作秘訣	林顯茂編譯	120 元
11. 中學生野外遊戲	熊谷康編著	120 元
12. 恐怖極短篇	柯素娥編譯	130 元
13. 恐怖夜話	小毛驢編譯	130 元
14. 恐怖幽默短篇	小毛驢編譯	120 元
15. 黑色幽默短篇	小毛驢編譯	120 元
16. 靈異怪談	小毛驢編譯	130 元
17. 錯覺遊戲	小毛驢編著	130 元
18. 整人遊戲	小毛驢編著	150 元
19. 有趣的超常識	柯素娥編譯	130 元
20. 哦！原來如此	林慶旺編譯	130 元
21. 趣味競賽 100 種	劉名揚編譯	120 元
22. 數學謎題入門	宋釗宜編譯	150 元
23. 數學謎題解析	宋釗宜編譯	150 元
24. 透視男女心理	林慶旺編譯	120 元
25. 少女情懷的自白	李桂蘭編譯	120 元
26. 由兄弟姊妹看命運	李玉瓊編譯	130 元
27. 趣味的科學魔術	林慶旺編譯	150 元
28. 趣味的心理實驗室	李燕玲編譯	150 元
29. 愛與性心理測驗	小毛驢編譯	130 元
30. 刑案推理解謎	小毛驢編譯	180 元
31. 偵探常識推理	小毛驢編譯	180 元
32. 偵探常識解謎	小毛驢編譯	130 元
33. 偵探推理遊戲	小毛驢編譯	180 元
34. 趣味的超魔術	廖玉山編著	150 元
35. 趣味的珍奇發明	柯素娥編著	150 元
36. 登山用具與技巧	陳瑞菊編著	150 元
37. 性的漫談	蘇燕謀編著	180 元
38. 無的漫談	蘇燕謀編著	180 元
39. 黑色漫談	蘇燕謀編著	180 元
40. 白色漫談	蘇燕謀編著	180 元

・健 康 天 地・大展編號 18。

1. 壓力的預防與治療	柯素娥編譯	130 元
2. 超科學氣的魔力	柯素娥編譯	130 元
3. 尿療法治病的神奇	中尾良一著	130 元
4. 鐵證如山的尿療法奇蹟	廖玉山譯	120 元
5. 一日斷食健康法	葉慈容編譯	150 元
6. 胃部強健法	陳炳崑譯	120 元
7. 癌症早期檢查法	廖松濤譯	160 元
8. 老人痴呆症防止法	柯素娥編譯	130 元
9. 松葉汁健康飲料	陳麗芬編譯	130 元
10. 揉肚臍健康法	永井秋夫著	150 元

11. 過勞死、猝死的預防	卓秀貞編譯	130 元
12. 高血壓治療與飲食	藤山順豐著	180 元
13. 老人看護指南	柯素娥編譯	150 元
14. 美容外科淺談	楊啓宏著	150 元
15. 美容外科新境界	楊啓宏著	150 元
16. 鹽是天然的醫生	西英司郎著	140 元
17. 年輕十歲不是夢	梁瑞麟譯	200 元
18. 茶料理治百病	桑野和民著	180 元
19. 綠茶治病寶典	桑野和民著	150 元
20. 杜仲茶養顏減肥法	西田博著	170 元
21. 蜂膠驚人療效	瀨長良三郎著	180 元
22. 蜂膠治百病	瀨長良三郎著	180 元
23. 醫藥與生活	鄭炳全著	180 元
24. 鈣長生寶典	落合敏著	180 元
25. 大蒜長生寶典	木下繁太郎著	160 元
26. 居家自我健康檢查	石川恭三著	160 元
27. 永恆的健康人生	李秀鈴譯	200 元
28. 大豆卵磷脂長生寶典	劉雪卿譯	150 元
29. 芳香療法	梁艾琳譯	160 元
30. 醋長生寶典	柯素娥譯	180 元
31. 從星座透視健康	席拉・吉蒂斯著	180 元
32. 愉悅自在保健學	野本二士夫著	160 元
33. 裸睡健康法	丸山淳士等著	160 元
34. 糖尿病預防與治療	藤山順豐著	180 元
35. 維他命長生寶典	菅原明子著	180 元
36. 維他命 C 新效果	鐘文訓編	150 元
37. 手、腳病理按摩	堤芳朗著	160 元
38. AIDS 瞭解與預防	彼得塔歇爾著	180 元
39. 甲殼質殼聚糖健康法	沈永嘉譯	160 元
40. 神經痛預防與治療	木下真男著	160 元
41. 室內身體鍛鍊法	陳炳崑編著	160 元
42. 吃出健康藥膳	劉大器編著	180 元
43. 自我指壓術	蘇燕謀編著	160 元
44. 紅蘿蔔汁斷食療法	李玉瓊編著	150 元
45. 洗心術健康秘法	竺翠萍編譯	170 元
46. 枇杷葉健康療法	柯素娥編譯	180 元
47. 抗衰血癒	楊啓宏著	180 元
48. 與癌搏鬥記	逸見政孝著	180 元
49. 冬蟲夏草長生寶典	高橋義博著	170 元
50. 痔瘡・大腸疾病先端療法	宮島伸宜著	180 元
51. 膠布治癒頑固慢性病	加瀨建造著	180 元
52. 芝麻神奇健康法	小林貞作著	170 元
53. 香煙能防止癡呆？	高田明和著	180 元
54. 穀菜食治癌療法	佐藤成志著	180 元

大展好書 好書大展